청소년 독서 토론을 위한

열두 달 작은 강의

청소년 독서 토론을 위한

열두 달 작은 강의

인디고 서원 엮음

궁리
KungRee

들어가는 말

여러분은 공부라는 단어를 들으면 무엇이 떠오르나요? 저는 어두운 독서실 불빛 아래서 시험을 위해 열심히 공부하는 한 청소년의 모습이 그려집니다. 저 또한 대한민국에서 태어나 초등학교부터 대학원을 졸업할 때까지 책상등 아래서 공부와 씨름했지요. 제가 그랬듯 대한민국의 많은 청춘들은 지금 이 순간도 시험 점수를 위해, 대학 입시를 위해, 혹은 취업을 위해 밤낮으로 열심히 공부하고 있을 겁니다. 새로운 지식을 배우고 익히는 것은 그 자체로 소중합니다. 입시나 취업을 위한 공부도 기본 소양과 전문성을 획득하기 위한 필수적인 배움이지요. 하지만 이것을 공부의 전부라 할 수 있을까요?

우리의 공부는 대개 목적을 갖습니다. 내가 바라는 대학을 가는 것도, 자격시험을 통과하는 것도, 원하는 직장을 갖는 것도, 모두 공부의 목적이지요. 혹자는 진정한 공부란 다른 목적을 위한 수단이 아니라 배움 그 자체를 목적으로 삼는 것이라고 말하기도 합니다. 공부는 공부 그 자체가 목적이라고요. 하지만 그건 아마도 공부의 달인이 되어야만 느낄 수 있는 경지겠지요.

여러분에게 공부의 목적은 무엇입니까? 제가 만난 많은 청소년은 '부모님이 시켜서', '선생님께 혼나는 게 무서워서', '친구들 사이에 주눅 들기 싫어서' 등 제각기 다른 이유들을 들려주었습니다. 하지만 그 대답을 들은 저는 고개를 갸우뚱할 수밖에 없었습니다. 그러한 답들은 진정한 공부의 이유가 될 수 없을 테니까요. 수많은 청소년과 나눈 대화 이후 저를 사로잡은 건 바로 '진정한 공부란 무엇인가', '우리는 무엇을 위해 공부하는가'와 같은 질문이었습니다. 이 책은 바로 이러한 질문들로 시작합니다.

진정한 공부란 무엇인지, 또 미래의 교육은 어떤 모습이어야 하는지에 대한 학자들의 주장은 다양합니다. 하지만 여러 분석과 예견들을 관통하는 핵심은 하나로 수렴됩니다. 이제 우리가 '지식의 시대'를 지나 '생각의 시대'에 진입했다는 것입니다. 생각의 시대란 '아는 것이 힘이다'라는 기존의 진리가 더 이상 유효하지 않고, 지천으로 널린 지식을 나만의 네트워크와 패턴으로 체화하는 것이 중요해졌다는 의미입니다. 여기서 말하는 네트워크란 다양한 분야의 지식을 서로 연결하는 능력을 뜻하고, 패턴이란 고유의 방식으로 지식을 정리하는 힘을 의미합니다. 말하자면 '생각하는 것이 힘이다'라는 말로 요약할 수 있습니다.

생각하는 힘이란 무엇일까요? 저는 세상에 질문을 던지는 능력이라고 생각합니다. 세상은 궁금한 것들로 가득 차 있고 우리는 끝없는 질문을 통해 새로운 것들을 알게 됩니다. 그렇기에 질문하는 힘이야말로 지식의 확장과 자아의 성장에 있어 가장 중요한 역량이라고 할 수 있지요. 이 책은 나와 세상을 향한 질문들로 가득 차 있습니다. '참된 삶이란 무엇인가', '민주주의란 무엇이고 왜 중요한가', '공정한 경쟁은 존재하는가', '지속가능한 삶은 어떻게 가능한가' 등 보다 정의롭고 행복한 사회를 꿈꾸는 이들이라면 누구나 한 번은 마주할 물음들이지요. 이러한 질문들을 바탕으로 이 땅의 청소년들이 함께 고민하고 이야기를 나누었습니다. 전국 청소년 인문 토론의 장 〈정의로운 세상을 꿈꾸는 청소년, 세계와 소통하다(정세청세)〉에서 지난 열두 달 동안 함께한 인문학 강의와 진지한 토론의 내용이 이 책에 담겨 있습니다.

대한민국 방방곡곡의 청소년들이 함께 모여 책을 읽고, 삶과 사회와 세계에 대해 토론하는 것이야말로 진정한 공부가 아닐까요? 저는 여기에 희망이 있다고 생각합니다. 함께 토론하는 과정 속에서 차이를 이해하고 다름에 공감하면서, 또 때로는 협력하고 경합하면서 답을 찾아 나가는 것이 곧 민주주의고, 정의로 나아가는 길이니까요. 우리는 이렇게 희망을 함께 만들어나가는 것이지요. 희망이 없는 삶은 죽은 삶과도 같습니다.

보다 나은 미래가 펼쳐질 것이라는 희망을 이 책을 통해 공유할 수 있으면 좋겠습니다. 나아가 코로나19 팬데믹으로 인해 수많은 청소년들이 잃어버린 배움과 성장의 기회를 이 책이 조금이나마 되돌려줄 수 있기를 바랍니다. 질문하고 생각하는 청소년이 많아질수록 우리 사회는 보다 건강해지고 희망도 커질 것이라 믿습니다. 고맙습니다.

2022년 3월 8일
영국 케임브리지에서
박용준

차례

* 이 책의 내용을 담은 영상들은 인디고 서원 유튜브 채널에서 보실 수 있습니다.

우리는
정의로운 세상을
꿈꾸는 청소년입니다

"비트겐슈타인은 "나의 언어의 한계가 나의 세계의 한계다"라는 말을 했습니다. 즉, 내 세계를 확장시키기 위해서 나에게 필요한 것은 나의 언어를 확장시키는 것입니다. 언어의 확장은 책을 읽고, 영화를 보고, 친구와 대화하면서 실천할 수 있습니다. 책을 읽음으로써 창조적으로 세계와 나의 영혼을 돌보고 그것을 늘려나가는 것도 가능할 것입니다."

| 함께 읽은 책 |

『**나 자신부터 돌봐야 합니다**』, 최대환 지음, 샘터사, 2020
『**당신은 당신의 삶을 바꾸어야 한다**』, 라이너 마리아 릴케 지음, 이강진 옮김, 에디투스, 2020

나 자신을 돌본다는 것의 의미

『나 자신부터 돌봐야 합니다』는 자신을 돌보고 배려하는 것의 중요성을 이야기하는 책입니다. 자기 배려를 중요하게 이야기한 사람으로 철학자 미셸 푸코가 있습니다. 푸코는 『광기의 역사』와 『감시와 처벌』 등 지금 우리가 살아가는 시대를 통찰력 있는 시각으로 책을 쓴 사람입니다. 푸코의 또 다른 저서 『주체의 해석학』의 핵심은 나를 돌보는 것입니다. 해석학이라는 단어로 알 수 있듯이, 내가 나 자신을 어떻게 이해할 것인가에 대한 해석을 푸코는 이야기합니다. 그는 내면을 들여다보는 노력을 하라고 말합니다. 스스로를 얼마나 잘 돌봐왔는지 살펴보라고 말하지요.

푸코만 자기 배려에 대해 말한 것은 아닙니다. 푸코보다 훨씬 이전의 철학자들도 얘기했습니다. 서양철학의 아버지라고 불리는 소크라테스 역시 이 맥락의 질문을 했습니다. "나는 누구인가?", "어떻게 살 것인가?"와 같은 질문들입니다. 우리 모두가 나누어볼 만한 질문들이라고 할 수 있을 것입니다. "여러분은 자기 자신에게 관심을 갖고 있습니까?" 이 질문들은 궁극적으로 '나'라고 하는 한 존재의 가장 깊은 곳에 있는 영혼, 내면, 자아로 표현할 수 있는 것들을 알기 위한 것이었습니다. 소크라테스의 제자였던 플라톤이 그것을 정리했고, 플라톤의 제자인 아리스토텔레스가 그에 관한 많은 저작들을 남깁니다. 인간의 영혼이 무엇인지 물었을 때 아리스토텔레스는 '운동', '힘', '역량', '능동'으로 정의 내렸습니다. 인간의 영혼이란 눈에 보이지 않는 것입니다. 아리스토텔레스는 "인간의 내면에 있는 힘을 어떻게 발굴하고 강화할 것인지가 우리에게 중요한 과제이다"라고 말했습니다. 그러면서 스스로 영혼을 돌보는 것이 중요하다고 했습니다. 또한 그것을 자기를 배려하는 것이라고 표현했습니다.

『나 자신부터 돌봐야 합니다』의 저자 최대환 선생님은 '자기 인식'을 가장 중요하게 말합니다. 델포이 신전에 있었던 격언 중 하나인 '너 자신을 알라'라는 말처럼 내가 나를 과연 얼마나 알고 있는지에 대해서 스스로 질문해보아야 합니다. '너 자신을 알라'라고 하는 것은 영혼의 상처까지도 한 번 돌아봐야 한다는 것을 내포합니다. 하지만 이것은 굉장히 어려운 노력이라고 볼 수 있습니다. 그렇기 때문에 소크라테스 문답법(socratic method)을 통해서 서로 질문을 해주는 것이 필요합니다. "너를 가장 힘들게 하는 것은 무엇이니?"라고 누가 물어봐주는 것을 일반적인 용어로 표현하자면 심리 상담이라 할 수 있고, 소크라테스 식으로 말하자면 문답법이라고 할 수 있습니다. 그런데 이 질문을 스스로에게도 충분히 할 수 있습니다.

가장 오래된 공부의 방법은 책을 읽고 토론하는 것인데, 이를 통해 새로운 아이디어를 만들어내는 과정이 바로 공부입니다. 이 모든 과정에서 가장 핵심적인 것이 바로 자기 자신을 아는 것입니다. 그런데 이것이 굉장히 어렵습니다. 자아를 발견하기 위한 두 가지 방법으로 '신중함', '정신적 독립성'을 들 수 있습니다. '신중함'은 자신을 진지하게 바라보는 것입니다. '정신적 독립성'은 타인의 시선과 목소리들을 소거시키고 내면의 목소리에 귀를 기울이라는 것을 의미합니다. 그래야 나 자신을 아주 조금이라도 더 잘 알 수 있을 것이기 때문입니다.

삶을 음미하는 방법

프랑스의 실존주의 철학자들은 타인의 시선을 지옥으로 표현했습니다. 그만큼 타인의 시선에 노예가 되기 쉽다는 것을 의미합니다. 삶을 또는 나 자신을 음미하는 것은 굉장히 중요합니다. 『쾌락의 옹호』라는 책의 목차를 보면 삶을 음미하는 방법으로 30가지를 제안하고 있습니다. 그중 여러분에게 하나 제안하고자 하는 것이, 목차 중 2장인 '숨쉬기 연습'입니다. 복식호흡과 폐로 하는 호흡 둘 다 굉장히 중요하다고 생각합니다. 호흡이라는 것은 매일, 항상 하는 것이기 때문에 별로 주의를 기울이지는 않습니다. 동양의학 또는 동양학에서 숨쉬기보다 중요한 자기 단련은 없다고 합니다. 나이가 들면 들수록 숨을 쉬면서 배가 잘 움직이지 않고 딱딱해지는 것을 느낄 수 있을 것입니다. 지금부터 숨을 쉴 때 배가 들어오고 나오는 모습을 관찰하면서 숨쉬기를 충분히 연습해보기를 권합니다. 숨쉬기도 자기 자신을 아는 하나의 중요한 척도가 될 수 있습니다.

자신을 발견하는 방법으로 '덕의 윤리'도 있습니다. 덕이라고 하는 것은 그리스 어로는 'Arete', 영어로는 'Excellence'라고 표현합니다. 덕이라고 하면 지혜, 정의, 용기, 절제와 같은 가치가 보통 떠오를 것입니다. 그런데 내가 생각하는 나 자신의 가장 멋있는 모습을 떠올리면서 그것이 바로 덕이고 탁월함이라고 생각하면 좋을 것 같습니다. 내가 이상적으로 여기는 모습을 실천하는 것이 덕입니다.

다산 정약용 선생이 아낀 단 한 명의 제자 '황상'이라는 인물이 있습니다. 다산이 강진에 유배를 가게 되면서 만든 교육기관이 있습니다. '사의제'라고 하는 곳인데, 네 가지가 바로 서는 곳이라는 뜻을 가지고 있습니다. 첫 번째, 생각은 맑게 하라, 두 번째는 용모를 단정하게 하라, 세 번째는 말은 조심스럽게 하라, 네 번째는 행동은 신중하게 하라, 이렇게 네 가지입니다. 이 네 가지 옳은 삶의 원칙을 실천한다면, 그것이 바로 덕의 윤리를 실천한 삶인 것입니다.

아리스토텔레스는 『니코마코스 윤리학』에서 윤리를 'ethics'라고 합니다. 'ethics'의 어원이 되는 'ethos'는 습관이라는 뜻을 가지고 있는데, 책에서도 습관과 관련해서 많은 강조를 하고 있습니다. 습관을 잘 들이는 일이 제2의 천성이 될 것이기 때문입니다. 앞서 말씀드렸던 철학자 푸코는 습관을 자기 수련, 자기 단련이라는 말로 표현했습니다. 푸코는 이를 '파르헤지아(parrhesia)'라고 그리스어로 표현합니다. 모든 진실 또는 사실을 터놓고 말한다는 것을 뜻합니다. 푸코는 자기 배려에 있어서 진실의 용기(모든 것을 말하기)를 아주 중요하게 생각합니다. 푸코는 "자기 수련을 통해 자기를 변형시키지 않고서는 진실에 접근할 수 없다"라고 주장합니다.

책을 읽고 토론을 하는 것이 중요한 하나의 실천이라고 푸코는 강조합니다. 푸코의 『주체의 해석학』을 보면 이런 이야기를 하고 있습니다. 다산 정약용 선생이 한 말과 거의 유사하다고 볼 수 있는 부분입니다. "에토

스는 개인의 걸음걸이, 태도, 자세, 옷차림새 등으로 표현되기도 합니다."
푸코의 표현을 따르면 습관을 잘 들인 사람이 진정 자유로운 사람이 될
수 있다고 말합니다.

언어학자 루트비히 비트겐슈타인이 말했듯 '진정한 배움이란 삶의 방
향을 바꾸는 것'입니다. '나'라고 하는 사람이 어떻게 살아왔고 어떻게 살
것인가, 또는 어떤 양식을 가진 사람인가, 이런 질문은 결국은 내가 배우
는 것으로부터 비롯되는 것이고, 그 배움은 자기 인식과 덕의 함양에 있
습니다. 그 습관이 내 삶을 바꿀 수 있게 될 것입니다.

비트겐슈타인은 또 "나의 언어의 한계가 나의 세계의 한계다"라는 말
을 했습니다. 즉, 내 세계를 확장시키기 위해서 필요한 것은 나의 언어를
확장시키는 것입니다. 언어의 확장은 책을 읽고, 영화를 보고, 친구와 대
화하면서 실천할 수 있습니다. 책을 읽음으로써 창조적으로 세계와 나의
영혼을 돌보고 그것을 늘려나가는 것도 가능할 것입니다.

혁명가 체 게바라 또한 "인간은 배움 속에서 비로소 자유로워진다"라
는 말을 했습니다. 비트겐슈타인과 푸코의 말이 일맥상통한다고 생각합
니다. 배움이란 첫 번째는 나 자신에 대한 것이고, 두 번째는 세계에 대한
것입니다. 모든 인간은 자유로움으로써 행복해질 것이고, 자유로움은 배
움에서 옵니다. 배움의 궁극은 자기 인식입니다. 배움은 내가 나 자신을
알면서부터 시작할 수 있습니다. 그런 의미에서 내 영혼과 삶에 가장 깊
은 자취를 남긴 사람들, 음악, 영화를 정리하는 시간을 가져보면 좋겠습
니다.

자유로운 인간으로 살아가기

'자유' 하면 가장 먼저 떠오르는 사람이 있습니다. 바로 그룹 퀸(Queen)의 리드 싱어 프레디 머큐리입니다. 프레디 머큐리는 잔지바르라는 북아프리카의 섬나라에서 태어났습니다. 그는 출신에서부터 자유로울 만한 조건이 별로 없습니다. 페르시아계 소수민족이었고, 잔지바르라고 하는 작은 섬나라에서 태어났고, 조로아스터라는 소수종교의 집안이었으며, 또 성소수자였기 때문입니다. 그런데도 프레디 머큐리는 이 모든 억압을 초월하여 자유의 경지에 도달했습니다. 특히 무대에서 노래를 부르고 춤을 출 때면 그 누구에게도 속박되지 않은 온전한 자유를 누렸지요.

우리 모두 저마다 꿈꾸는 자신의 모습이 있습니다. 아주 원대한 꿈도 있겠지만, 사소하고 작은 꿈도 있을 것입니다. 우리는 그 모습에 도달하기 위해 삶이라고 하는 하나의 무대에서 공연을 하고 있는 것은 아닐까요? 내가 꿈꾸던 그 모습을 실제로 구현했을 때, 그 순간에 내가 느낄 수 있는 그 희열은 얼마나 짜릿할까요? "무대에서 모든 사람이 나를 보고 있으면 틀리려고 해도 틀려지지가 않아. 아무것도 두려울 것이 없어져. 늘 꿈꾸던 사람이 되어 있거든." 프레디는 무대 위에 섰을 때 자신이 꿈꾸던 사람이 되었습니다. 우리의 일상 속에서도 결정적인 순간이 찾아오고 무대가 펼쳐질 것입니다. 그렇다면 우리는 어떤 무대에서 어떤 노래를 할 것인지, 누구와 함께 노래할 것인지 고민해야 합니다.

프레디가 보여주었던 자유의 삶을 잘 설명해줄 수 있는 학자로 프리드

리히 니체가 있습니다. 니체는 '그리스적 명랑성'이라는 표현을 씁니다. 그리스적 명랑성은 삶의 비극을 체험한 사람들이 그 비극을 통해 자아내는, 결코 굴복하거나 파괴되지 않는 존재의 근원적인 기쁨이자 충만함입니다. 니체는 이러한 그리스적 명랑성을 회복할 것을 사람들에게 호소합니다. 니체는 이처럼 기쁨, 명랑함, 자유분방함을 발휘하는 존재를 '초인'이라고 명명했습니다. 삶을 긍정하며 자기 자신을 완전하게 실현하는 사람이 바로 초인입니다. 니체는 조건을 따지지 않는 삶에 대한 조건 없는 긍정이 중요하다고 생각했습니다. 삶의 비극적인 요소들을 인지하고 있음에도 불구하고 삶을 긍정해야 한다고 말이지요.

그렇다면 어떻게 해야 프레디 머큐리처럼, 니체가 주장한 초인처럼 자유로운 삶을 살 수 있을까요? 우선 나를 고통스럽게 하는 것은 무엇인지, 나의 자유를 제약하는 것은 무엇인지 고민해보아야 합니다. 그리고 이것들을 제거해나가거나, 제거할 수 없다면 긍정하는 노력이 필요합니다. 니체는 자유란 저항을 통해 얻어낼 수 있다고 보았습니다. 그렇기 때문에 가장 자유로운 인간의 유형은 계속해서 저항하고 끊임없이 극복하는 인간이라고 생각했습니다. 자신의 삶에 주어진 비극적인 요소들에 저항하고 극복해서 자신을 최고의 상태로 끌어올리려는 노력을 끊임없이 하는 사람이 바로 초인이고 가장 이상적인 인간의 유형입니다. 이것은 고도의 자기 수양입니다. 부정적인 감정들의 노예가 되는 것이 아니라 삶의 모든 것을 긍정으로 채우는 것이지요.

진정한 '나'를 찾기

정신분석학자 자크 라캉은 '인간은 타인의 욕망을 욕망한다'라고 말했습니다. 우리가 타인의 존재로 인해 고통받는다는 뜻이 아니라, 우리가 타인의 시선을 의식함으로써 스스로 고통을 받는다는 것입니다. 즉, 진정으로 자유로워지기 위해서는 타인의 시선, 타인의 욕망으로부터 완전히 벗어나고 자신의 목소리에 귀 기울이는 것이 필요합니다. 타인에게 인정받기 위한 욕망이 아니라, 내가 진정으로 원하는 모습을 찾고, 그 모습을 이루고자 노력하는 사람만이 자유로울 수 있습니다.

우리는 조건적인 생각을 많이 합니다. 원하는 것을 갖기 위해서는 시험 성적을 어느 점수까지 얻어야 하고, 행복해지기 위해서는 원하는 대학에 입학해 졸업장을 따야 한다고 말이지요. 또 늘 남들과 비교하며 자신을 평가하기도 합니다. 다른 사람이 가진 집의 크기, 차의 종류, 입고 있는 옷의 브랜드를 신경 쓰고, 성적도 학교의 이름도 직업의 종류도 '나의 기준'이라고 하지만 기준을 세우는 대상이 모두 남으로부터 출발합니다. 그런 조건적인 삶에 얽매이는 것은 비극입니다. 그런 삶이야말로 노예적인 삶입니다. 이런 노예의 상태에서 벗어나 삶을 긍정하고 스스로 가치를 창조하는 것, 무한히 반복되는 세상을 견디며 삶을 긍정하는 것만이 자유로워지는 길입니다. 명랑하게 세상을 향해 자기 자신만의 목소리로 노래 부르고 춤을 출 수 있는 삶을 우리 모두 살면 좋겠지요?

철학자 질 들뢰즈는 인간이 성장하기 위해 가장 중요한 경험은 '초월의 경험'이라고 이야기합니다. 초월의 경험이란 자신이 가지고 있는 한계를 끊임없이 밀어붙여서 그 한계를 뛰어넘는 경험을 말합니다. 우리는 종종 내가 꿈꾸는 삶이 정말 이루어질 수 있을지 고민하다가, 그렇게 되지 않아도 괜찮다고 체념하기도 합니다. 그러나 우리는 우리가 꿈꾸는 것을 이룰 수 있는 존재입니다. 그리고 그 꿈이 '나'의 영역에 갇히는 것이 아니라 공공의 영역으로 나아갈 수 있을 때, 우리는 무한한 가능성을 지닌 진정으로 자유로운 존재가 될 수 있을 것입니다.

내 삶의 이야기를 찾아서

우리의 삶은 하나의 중심으로 수렴할 것이고, 그 중심을 잘 세우는 사람만 멋진 삶을 살아갈 수 있습니다. 흔히 스타일이 있는 사람이 멋있다는 느낌이 드는데, 아마도 자신만의 영혼의 세계를 가진 사람을 뜻할 겁니다. 그러므로 내 삶의 이야기를 내가 충분히 설명할 수 있어야 합니다. 서사, 내러티브(narrative)라고 표현합니다. 나의 이야기를 잘 하기 위해 가장 중요한 단계는 바로 자기 자신을 용서하고 자신과 화해하는 것입니다. 과거에 내가 이해하지 못했던 나 자신과 화해하고 용서해야 합니다. 내가 처해 있는 현실이 때로는 불만족스럽고 그런 상황에 화가 날 수도 있습니다. 그런 것마저도 껴안을 수 있는 영혼의 힘을 가지는 것이 바로 자신의 이야기를 만들어가는 일입니다.

깨어 있는 지성인이었던 에드워드 사이드는 공부를 한다는 것, 즉, 인문학적 사유를 한다는 것은 쓸모 있는 실천을 위한 것이고 그것이 아니라면 의미가 없다고 이야기했습니다. 인문학이란 질문을 일으키는 것이고, 소란을 일으키는 것이라고 말했습니다. 소크라테스는 '청년 타락죄'라는 죄목으로 사형선고를 받고 독배를 마셔서 죽게 됩니다. 인문학적인 사유의 핵심은 고정관념에 저항하는 것이고, 언어를 확장시키는 것이고, 또한 내가 사는 이 공동체에 끊임없이 비판적인 문제를 제기하는 것입니다. 또한 나에게도 그 화살을 쏠 수 있는 것이고, 그로 인해 자유의 과정으로 나아가는 것입니다.

릴케라는 시인이 있습니다. 윤동주, 백석 등의 시인들이 가장 사랑했던 시인이 바로 릴케입니다. 릴케 또한 불행했던 시간을 보냈는데, '루 살로메'라고 하는 자신보다 10살 연상의 여성을 만나고 또 살로메로부터 영감과 지지를 받으면서 성장할 수 있었습니다. 릴케는 조각가 로댕의 자서전을 쓰기도 했습니다. 릴케가 우리에게 남긴 말은 소크라테스, 푸코, 비트겐슈타인 등이 한 말의 가장 아름다운 버전일 것입니다. "당신의 마음 깊은 곳으로 꼭 들어가 보십시오"라고 이야기를 하는데 그 방법 중 가장 좋은 것은 바로 자연 속에 스스로를 오래 두는 것이라고 릴케는 말합니다. 그러면 내 안에 있는 뿌리까지 다 볼 수 있다고 하지요. 그리고 "당신의 일상이 너무 보잘것없다고 탓하지 마세요. 더 중요한 것은 당신의 모든 성장과 발전을 조용하고도 진지하게 이어나가는 것, 자기 인식과 덕의 실천과 같은 것들을 이어나간다면 그 안에서 분명히 영혼의 기쁨을 느낄 수 있을 것입니다"라고 릴케는 말하고 있습니다. 우리에게는 타인의 시선이라는 결박이 있습니다. 부모님이 나의 삶에 대해 하는 요구와 잔소리 역시 하나의 결박입니다. 이러한 결박을 다 깨뜨리고 탈출하는 것 즉, '자신이 얼마나 그 결박으로부터 벗어나서 자유롭게 스스로에 대해서 고민하고 귀를 기울일 수 있을 것인가'가 우리의 과제일 것입니다. 올해 소원 중에 하나로 내가 내 안의 목소리에 조금 더 귀를 기울이겠다는 목표를 추가하는 것은 어떨까요? 자기 인식에 기반한 여러분이 생각하는 가장 이상적인 모습들을 실천하면서 제2의 천성인 덕을 나의 습관으로 만들어가시길 바랍니다.

많은 청소년들이 학원과 독서실을 전전하는 생활을 하고 있습니다. 새로운 친구들과 학교생활이 기대되기보다는 어떤 사람들과 경쟁하게 될지 두려워지고, 지지 않아야 한다는 강박에 사로잡혀 점점 더 스스로를 채찍질하게 됩니다. 그렇게 새벽까지 독서실에서 앉아 있다가 집으로 가던 어느 밤, 눈물이 왈칵 쏟아집니다. 오랜 시간 앉아 있어 목과 허리가 아파오고, 연필을 너무 오래 쥐어 손가락에 굳은살이 생겨도 참아내는 스스로의 모습이 가여워지기도 합니다. 나의 미래를 위해 공부하는 것인데, 정작 지금의 자신이 너무 힘들다는 사실을 깨닫자 눈물이 흐르기도 합니다.

　"자기 자신을 잘 돌보며 배려하는 것은 행복한 삶을 위한 길입니다. 행복한 삶은 우리가 찾고 발견하는 것입니다. 행복한 삶은 우리가 애써 만들어가는 것이기도 합니다. 때로는 선물처럼 다가오기도 합니다. 감사하고 겸허하게 받아들이는 법을 배워야 하는 이유입니다. 삶은 그만큼 여러 얼굴이 있습니다. (⋯) 우리는 다른 사람의 평가에 흔들리기보다는 내가 얼마나 나답게 내 인생의 원을 그려가고 있는지에 집중해야 합니다."
　— 최대환, 『나 자신부터 돌봐야 합니다』, 196~197쪽, 샘터사

아마 불행하게 살고 싶은 사람은 없을 겁니다. 그럼에도 불구하고 스스로가 행복하다고 느끼는 사람이 적은 이유는, 자기 배려를 하는 것이 서툴기 때문일 것입니다. 자기 배려란 순간의 행복감만을 추구하는 것이 아닙니다. 자신의 인생 전체를 돌보고 정신적 풍요를 추구하는 것입니다. 모든 것이 바쁘게 흘러가는 일상 속에서, 자기 배려는 너무 추상적인 이야기로 들릴지도 모릅니다. 하지만 자신이 좋아하는 것을 발견해 나가는 과정, 무언가를 싫어하는 이유를 되짚어보는 노력, 자신만의 가치관을 확립하기 위한 사소한 경험들이 바로 자기 배려라고 최대환 선생님은 저서 『나 자신부터 돌봐야 합니다』에서 말합니다. 여러분은 어떤가요? 이때까지의 삶을 돌아봅시다. 충분한 자기 배려를 했나요? 못했더라도 괜찮습니다. 지금부터 청소년들의 자기 배려에 대한 이야기를 들으며, 천천히 따라오시길 바랍니다.

나를 행복하게 하는 것들

백주은(17세)

저는 다른 사람들의 삶, 인생을 엿보는 것을 좋아합니다. 소중한 인생을 읽어보고 찾아보는 것이 저희 특이한 취미이자 하나의 소확행이라고 할 수 있습니다. 남과 저를 비교하기 위해 그 사람들의 인생을 보는 것이 아닙니다. 그 사람들이 살아온 나날들을 보면 공통점이 있기 마련입니다.

바로 고통을 겪고, 치유하며 포기하지 않는다는 것입니다. 정말 그 어떤 사람도 고통 없이 살지 않습니다. 그 고통을 겪어내고, 현재를 살아가고 있지요.

저 또한 앞으로 살아가기 위해 노력하고 있습니다. 저에게도 고통과 시련이 있기 마련이고, 또 치유의 시간이 필요합니다. 요즘엔 위로가 필요할 때 피아노를 자주 치는데, 베토벤의 〈월광 1악장〉에 빠져 있습니다. 이 곡이 음울할지 몰라도 치면서 많은 생각을 하게 됩니다. '베토벤은 과연 무슨 생각을 하며 만들었을까? 한 음씩 표현할 때마다 어떤 감정을 표현하고 싶었던 걸까?'라는 질문을 하며 연주합니다. 피아노를 치면서 작곡가들은 정말 대단하다고 생각합니다. 악보를 보면서 연주하기도 힘든 곡을 만들었다니 말입니다.

저를 행복하게 하는 것에는 책도 있습니다. 사실 책과 친해진 지 오래되지 않았습니다. 책을 읽는 근본적인 이유를 몰랐고, 책보다 더 재미있는 취미 생활이 많은데 굳이 왜 책을 읽나 싶었지요. 하지만 깨달았습니다. 책을 읽으면 나 자신을 알 수 있다는 것을요. 심적으로 힘들 때 책을 읽기 시작했는데, 정말 많은 위로를 받았습니다. 책읽기가 나 자신에게 더 집중하고, 내 안에 있었던 상처를 스스로 치유할 수 있게 도와준다는 것을 깨달았지요. 책을 읽고 난 뒤로 생각하는 방식도 달라졌습니다. 부정적으로 생각했던 것들이 약간의 긍정으로 바뀌면서 천천히 생각의 중추가 바뀌는 계기가 되었습니다.

최준영(16세)

해리 포터 시리즈를 처음 읽은 것이 아마 초등학교 3학년 때였던 것 같은데, 처음 읽은 장편 소설이었습니다. 『해리 포터』는 저에게 잠들어 있었던 무언가를 깨워준 계기가 됐던 책입니다. 아마 그때쯤부터 저도 모르게 소설을 써보고 싶다는 꿈이 생겼을지도 모릅니다. 『해리 포터』가 주었던 행복이나 환상을 내가 직접 만들어보고 싶다는 생각이 지금의 꿈으로 이어진 것입니다.

그 이후로 소설을 읽는 빈도가 조금씩 늘어났고, 작가가 펼치는 새로운 이야기 속에 들어 있는 나름의 가치와 색다른 이야기들은 저에게 행복감을 주었습니다. 지금 생각해보면 저는 책을 읽는 것보다 새로운 이야기를 읽는 것을 더 좋아하는 사람인 것 같습니다. 새로운 이야기를 접하는 매개가 글이 되었을 뿐이지요. 지금은 소설뿐만 아니라 여러 분야의 책을 읽습니다. 글을 읽는 것 자체에서도 행복을 충분히 느끼기 때문입니다.

처음 『해리 포터』를 읽었을 때 행복하고 즐거웠던 이유는 주인공들의 가치관과 행동이 만들어내는 이야기가 특별했던 까닭이었고, 그 이야기가 특별할 수 있었던 이유는 제가 주인공들의 가치관과 삶에 온전히 공감할 수 있었기 때문입니다. 모든 글에는 글쓴이의 가치관과 삶을 대하는 태도를 볼 수 있습니다. 때로는 공감하기도 하고, 때로는 비판적인 시각으로 그 글을 바라보는 과정이 진정 글을 읽고 소통하는 과정이라 할 수 있고, 그것이 글을 읽는 데서 오는 저의 행복입니다.

김학철(15세)

저는 영화 〈UP〉을 생각할 때면 행복합니다. 〈UP〉은 한 아이와 할아버지가 집에 풍선을 달고 여행을 다니며 겪는 이야기를 담은 애니메이션입니다. 이 영화에서 가장 좋아하는 대사는 "과거의 추억에만 머무르지 말고, 지금이라도 더 늦기 전에 미래를 즐기는 모험을 시작하라"라는 말입니다. 행복이라는 것은 거창한 것이 아니라 매일매일 감사하며 새로운 하루를 소중하게 보내는 것이고, 우리의 일상도 멋진 모험이며 모든 순간순간이 매우 행복하다는 걸 알려줍니다. 좋은 영화를 보는 것이 제가 하는 자기 배려입니다.

이수겸(19세)

저는 어릴 때 그림과 책을 가까이하는 환경에서 자랐지만, 음악과 영화를 더 좋아했습니다. 드니 빌뇌브의 〈컨택트〉는 제가 좋아하는 영화 중에 하나인데요. 원작 소설 테드 창의 『당신 인생의 이야기』를 각색하여 만든 대단한 영화라고 생각합니다. 이 영화는 언어가 사고에 영향을 준다는 '언어결정론'을 바탕으로 합니다. 주인공인 언어학자 루이스가 지구에 갑자기 찾아온 미지의 대상과 소통하며 그들이 사고하는 방식을 알게 됩니다. 일반적으로 시간에 흐름에 따라 전개되는 인간의 언어와 달리 시간의 흐름에서 자유로운 그들의 원형적 언어를 배워서 루이스는 과거와 현재, 미래를 자유롭게 보고 느낍니다. 자신의 딸과 함께 행복하고 빛나는 시간을 보내기도 하지만 자신보다 딸이 먼저 생을 마감하는 비극적인 상황도 미리 알게 됩니다. 하지만 경험을 부정하지 않고 자신의 모든 미래를 받아들이고 딸에게 자신의 깨달음을 독백으로 남기며 영화는 끝납니다. 삶과 존재를 대하는 루이스의 태도가 너무나도 인상 깊고 아름다운 영화였습니다.

나를 더 사랑하는 법

이준수(14세)

저는 그렇게 똑똑하지도 않고, 지혜롭지도 현명하지도 않습니다. 하지만 자기 자신을 잘 돌보며 행복하고 의미 있게 살아가고 싶고, 나의 장점을 찾아가면서 그 장점으로 다른 사람들을 도우면서 살고 싶습니다. 이런 생각이 나를 돌보는 일이 아닐까 생각합니다.

민성우(14세)

한 해를 시작할 때 하루에 공부를 많이 하겠다고 다짐했는데, 돌아보니 역시나 친구들과 놀러 다니기 바빴습니다. 그래서 저는 이번 연도에는 과하지 않은 '나'의 모습을 바라려고 합니다. 친구들은 저보다 공부에 투자하는 시간이 많습니다. 친구들처럼 바로 학원 수도 늘리고 예습, 복습 시간을 정해놓고 하는 약속은 지키기 힘들 것 같아서 '과하게 하지는 않지만 포기하지 않고 열심히 하기'로 다짐했습니다. 새해가 시작한다고 너무 과한 다짐을 하거나 지나친 약속을 하면 부담감이 클 것 같아서 이런 다짐을 하게 된 것도 있고, 부모님께서 항상 최선을 다하라고 하셨기 때문입니다. 시험을 칠 때도 부담 갖지 않고 최선을 다해야겠다고 생각했고, 이 다짐을 일 년 동안 지켜야겠다고 생각했습니다.

박서영(14세)

『나 자신부터 돌봐야 합니다』에서 발견한 니체의 "너 자신이 되어라"라는 문장이 기억에 남습니다. 저는 나다움을 찾고자 노력하지만 때때로 다른 사람들에게 흔들립니다. 책에 또 이런 문장도 있었는데요. "사실 내 인생은 나의 이야기이기만 한 것이 아니라 누군가 다른 사람의 인생에 영향을 준다는 의미에서 타인의 인생 이야기에 속하는 것이기도 합니다. 반대로 다른 이들의 인생 이야기에 내가 영향을 받기에 그들의 인생 이야기는 나의 이야기 안에 자리를 가집니다." 저의 행동이 타인에게 영향을 줄 수 있다면, 이왕이면 좋은 영향을 미치고 싶습니다. 그렇지만 타인을 너무 많이 신경 쓰지 않으면 좋겠습니다. 타인을 신경 쓰다 보면 타인에게 흔들리고 나 자신이 되지 못할 것이기 때문입니다. 나다운 면을 잃지 않으면서도 타인에게 좋은 영향을 주는 사람이 되고 싶습니다.

이강욱(14세)

저는 원래 대부분이 말하는 '성공한 삶'에 관심이 많았습니다. '나 자신'을 돌보는 것보다 먼저 사회적으로, 돈과 명예를 얻는 것이 우선이라고 생각했습니다. 그렇게 사회적인 성공과 부와 명예를 얻고 난 후 남는 시간에 나를 돌봐도 전혀 늦지 않다고 생각했고, 나를 돌본다는 것은 시간 낭비일 뿐이라고 생각했습니다. 그러나 최대환 선생님께서 『나 자신부터 돌봐야 합니다』에 쓰신 것처럼, "내가 얼마나 나답게 내 인생의 원을 그려가고 있는지"를 나는 생각하는지, 어쩌면 '나다움'과 나의 행복은 잊어버린 게 아닐까, 그런 생각이 들었습니다. 그래서 저는 부와 명예를 우선순위에 두는 삶이 아니라, 진정한 '나'를 찾고, 그런 나를 돌보고 멋있게 가꾸며 나다운, 나만의 삶을 찾고 살아갈 것입니다.

백주은(17세)

저는 저 자신을 사랑하는 삶을 살고 싶습니다. 소크라테스가 말한 "너 자신을 알라"라는 말처럼, 사실 자기 자신을 아는 것이 가장 어렵고 힘든 일입니다. 저는 그 무엇보다도 저 자신을 가장 잘 알기 바랍니다. 자기 자신을 알기 위해 내면을 들춰보며, 물어보고, 쉬어가고, 다짐해야 합니다. 고개를 들어 제가 서 있는 곳이 어디인지 주변도 살펴야 하겠고요. 몸도 건강하게 가꿔서, 저 자신을 사랑하는 그런 긍정적인 사람이 되고 싶습니다.

하준수(15세)

최대환 선생님께서는 우리 인생이 원이라고 말씀하셨습니다. 그 원이 아직 미완성인 것은 축복받은 것이라고 말이지요. 삶이 일정하게 흘러갈 수는 없습니다. 하루만 해도 수백 가지 감정을 느끼는데, 삶 전체를 본다면 얼마나 많은 일이 일어나고 수많은 생각을 하게 될까요. 저는 제가 정말 많이 실패해보고 슬퍼해보고, 그만큼 수없이 행복해본 사람이면 좋겠습니다. 삶의 흐름에 대한 지혜를 가진 사람이죠. 많은 경험을 해야 그만큼 성장할 수 있습니다. 그런 저는 쉽게 동요하지 않는 단단한 모습일 겁니다. 그때쯤이면 힘들어하는 누군가를 위해 "너 자신부터 돌보라"라는 말과 글을 건넬 수 있는 사람이기를 바랍니다.

나 하나뿐만 아닌 우리 모두의 행복 ————————

최준영(16세)

생각해보면 사람들은 특별한 것들에 집중하지, 소중한 것들에는 별로 신경을 쓰지 않는 것 같습니다. 가장 힘들 때 나를 버틸 수 있게 해주는 것, 내가 행복할 수 있도록 하는 것, 또 내 삶의 원천이 되는 것은 나에게 소중한 것들인데 말입니다.

소중한 것들은 생각보다 가까이에 있습니다. 너무 가까이에 있어서 사람들은 소중한 것을 내버려 두고 엉뚱하게 다른 것을 찾는지도 모를 일입니다. 그래서 저는 제 삶의 중심에 소중함에 대한 가치가 있기를 바랍니다. 저 또한 쉽게 소중한 것들을 잊고 순간적인 자극을 찾는 일이 많습니다. 그 시간이 늘어나는 만큼 소중한 것들을 잃는 시간도 늘어나겠지요. 일시적인 것들보다는 오래도록 내 삶의 버팀목이 되어 주고 행복을 찾을 수 있도록 하는 소중함의 가치를 삶의 중심에 두고 싶습니다.

이선우(17세)

　자기 자신과 친한 친구가 되려는 노력은 저도 지금 하고 있지만 절대로 쉽다고 말할 수 없습니다. 자신의 감정이 지금 어떻고, 무엇을 하고 싶고, 이런 나의 행동이 옳은 것인지 감을 잡을 수가 없어 곤란할 때도 많습니다. 하지만 앞으로도 제가 느끼는 슬픔의 순간을 무시하지 않고, 욕망을 적절히 조절할 줄 알며, 공동체 안에서 참된 우애를 다지는 노력을 계속해나간다면 저 자신과 더욱 가까워질 수 있을 거라 믿어 의심치 않습니다. 그리하여 무엇이 아름다운지 알고, 또 그런 아름다움을 사랑할 줄 아는 성숙한 사람이 되어서 쌓아온 사랑을 나누는 삶을 간절히 꿈꿉니다. 그것이 나 자신을 잘 돌보는 방법이라고 생각하기 때문입니다.

더 읽어볼 책

· 『나다운 게 아름다운 거야』, 케이트 T. 파커 지음, 신현림 옮김, 시공아트, 2017
· 『너의 운명으로 달아나라』, 이현우 지음, 마음산책, 2017
· 『니코마코스 윤리학, 아들에게 들려주는 행복의 길』, 아리스토텔레스 지음 , 홍석영 옮김, 풀빛, 2005
· 『삶을 위한 철학 수업』, 이진경 지음, 문학동네, 2013

참된
삶의 의미를
찾아서

"가난하다는 이유로 가장 기본적인 인간의 권리를 누리지 못하고 사는 사람들에게 이태석 신부님은 악기를 다루는 방법을 알려주고, 학교를 지어주고, 병원을 만들어 진료를 보았습니다. 따뜻한 영혼을 만난 수단의 아이들은, 전 세계 곳곳에서 자신의 선한 영향력을 미치는 사람이 되었습니다. 이태석 신부님은 이제 이 세상에 계시지 않지만, 그의 뜻을 이어갈 수많은 젊은 세대가 있습니다. 이것이야말로 삶을 지속하는 방법이 아닐까요?"

| 함께 읽은 책 |

『**신부 이태석**』, 이충렬 지음, 김영사, 2021
『**내게 남은 삶이 한 시간뿐이라면**』, 로제 폴 드루아 지음, 최린 옮김, 센시오, 2021

내 삶에 남은 시간이 한 시간뿐이라면 ————

여러분에게 남은 시간이 한 시간뿐이라면 무엇을 할 것 같나요? 혹은 이런 상상을 해본 적이 있나요? 『내게 남은 삶이 한 시간뿐이라면』에서 저자 로제 폴 드루아는 삶의 정반대편에 있는 죽음을 통해 삶을 다시 들여다보는 시간을 가져볼 것을 제안합니다. 내 삶에 남아 있는 시간이 단한 시간밖에 없다면, 나는 무엇을 해야 할지, 어떤 일을 할지, 무엇을 생각하고, 느끼고, 원해야 할지, 어떤 흔적을 남겨야 할지 등등 모험적인 질문을 던져보자는 것입니다. 이러한 질문이 모험적인 이유는, 누구도 죽음을 경험해보지 못했기 때문입니다. 그리고 죽음에는 막연한 두려움이 있습니다. 그렇기에 상상을 통해서, 도전을 통해서, 마치 모험처럼 이 질문을 던져야 하지요. 드루아는 크게 '죽음', '행복', '사랑', '삶', '미래'를 주제로 이 모험적인 질문에 대한 대답을 우리에게 들려줍니다.

우리는 죽음을 향해가는 존재다 ————

철학자 하이데거는 『존재와 시간』이라는 책에서 인간을 "죽음으로 향하는 존재"라고 정의합니다. 인간은 자신의 의사와 무관하게 세상에 던져진 존재입니다. 즉, 내가 세상에 존재한다는 사실을 존재한 이후에 깨닫게 된다는 것입니다. 그리고 내가 세상에 던져진 순간 나의 죽음을 향해 시간이 흘러가기 시작합니다. 우리의 삶은 탄생과 죽음 사이에 존재합니다. 그러나 죽음은 우발적인 사건입니다. 죽음은 아무런 이유 없이도 우리에게 찾아올 수 있기에, 우리의 유한한 시간 속에 항상 도사리고 있습니다. 우리는 주변 사람의 죽음과 동시에 그가 살아 있었다는 사실을 경험하게 됩니다.

삶에 주어진 시간은 죽음을 향해서 한 방향으로만 흘러갑니다. 우리는 일상 속에서 시간성을 거슬러 내게 남은 기억을 되돌아보는 실천을 통해 시간에 형태와 의미를 부여해야 합니다. 이것은 내가 살아온 삶의 이야기를 다시 쓰는 행위입니다. 모든 진리는 회고적입니다. 우리는 삶의 이야기를 다시 쓰면서 내가 잊고 있었던 삶의 조각들을 맞추어 새로운 진리를 얻게 될 수도 있습니다. 드루아는 이를 위해 글을 써야 한다고 말합니다. 글을 쓰는 행위 자체가 나의 삶에, 나의 시간에 형태와 의미를 부여하는 것입니다. 마치 안네 프랑크가 남긴 일기에 담긴 이야기가 지금까지, 영원히 남아 있는 것처럼 말입니다. 이처럼 글쓰기는 죽음에 대항하는 행위입니다.

사상가 몽테뉴는 삶을 그 자체로 기뻐하고 즐기라고 주장했습니다. 이는 글쓰기와 마찬가지로 시간에 대항하는 행위입니다. 미래의 행복을 추구하지 말고, 지금에 멈추어 기쁘고 행복한 순간을 만들라는 것입니다. 완벽한 행복은 존재하지 않습니다. 드루아는 행복에는 황홀, 환희와 같은 긍정적인 것들뿐만 아니라, 비탄, 고독, 역겨운 것과 같은 것들도 함께 담겨 있다고 말합니다. 우리는 불투명한 미래에 불안과 공포를 느끼기도 하지만, 불투명함이 주는 행복과 기대도 느낄 수 있습니다. 불투명한 미래이기에 희망과 자신감을 가질 수 있습니다. 불확실성을 그대로 받아들이는 용기를 통해 우리는 지금, 이 순간의 행복을 느낄 수 있을 것입니다.

삶을 흥미롭게 하는 것, 사랑

사랑은 계산할 수도 없고, 이유를 나열할 수도 없습니다. 그렇지만 사랑의 속성에 관해서는 이야기할 수 있을 것 같습니다. 드루아는 사랑에 대해 말하면서 '변증법'을 이야기합니다. 우리는 익숙한 것을 좋아하지만, 때로는 익숙하지 않은 것들을 마주해야 합니다. 사랑이란 대립하는 것들 사이의 긴장, 모순, 부조리까지 포용할 수 있어야 한다는 것입니다. 이처럼 나와 완전히 다른 존재를 받아들이는 것이 사랑입니다. 서로 다름이 오히려 삶을 아름답고 흥미롭게 만들기도 합니다.

철학자 니체는 자신의 삶에 대해 영원히 똑같은 삶을 다시 살겠다고 했습니다. 자신의 삶을 이만큼 사랑하고, 삶에 대한 무조건적인 긍정을 갖기 위해서는 그만큼 후회 없는 삶을 살아야 합니다. 후회 없는 삶을 산다는 것은 매우 어렵고 힘든 일입니다. '불광불급(不狂不及)'이라는 표현이 있습니다. 미쳐야 미친다는 말이지요. 어떤 것에 미친 듯이 열중해야, 그것에 도달할 수 있다는 뜻입니다. 어떤 것도 대충해서는 이루어낼 수 없습니다. 광기와 같은 태도로 삶에 열중하는 것이 우리가 더 위대한 삶을 살 수 있도록 도와줄 것입니다. 그리고 광기는 고통스럽고 괴로운 삶 속에서도 웃을 힘을 줄 것입니다.

부산 남부민동에 위치한 톤즈 마을. 이태석 신부의 이야기가 골목마다 가득하다.

고귀한 영혼과의 만남

삶에서 누군가를 만나는 것은 이처럼 위대한 일입니다. 그 만남을 통해 나의 삶을 바꾸고, 나와의 만남을 통해 다른 누군가의 삶을 바꿉니다. 만남이 삶을 바꾼다는 것을 잘 보여준 예시가 있습니다. 바로 이태석 신부님과 그의 제자들입니다. 이태석 신부님은 가난하고 도움이 필요한 수단에서 자신이 베풀 수 있는 것들을 모두 내어준 사람이었습니다. 의사였지만, 그가 하는 일은 사람을 만나는 일이었습니다. 사람들과 만나 손을 잡고 눈을 맞추고, 대화를 하며 어디가 아픈지 묻는 일을 했습니다. 가난하다는 이유로 가장 기본적인 인간의 권리를 누리지 못하고 사는 사람들에게 이태석 신부님은 악기를 다루는 방법을 알려주고, 학교를 지어주고, 병원을 만들어 진료를 보았습니다. 따뜻한 영혼을 만난 수단의 아이들은, 전 세계 곳곳에서 자신의 선한 영향력을 미치는 사람이 되었습니다. 이태석 신부님은 이제 이 세상에 계시지 않지만, 그의 뜻을 이어갈 수많은 젊은 세대가 있습니다. 이것이야말로 삶을 지속하는 방법이 아닐까요?

인간의 유한성을 감각적으로 느끼기는 쉽지 않은 일입니다. 하지만 삶 속에서 문득 떠오르기도 합니다. 내가 이만큼의 시간을 빠르게 살아왔고, 앞으로 남은 시간도 이렇게 빠르게 지나갈 것이라는 사실을 알아차리는 것은 괴롭고 두려운 일입니다. 하지만 이러한 순간이 찾아왔을 때, 『내게 남은 삶이 한 시간뿐이라면』에서 우리에게 들려준 이야기가 무엇인지 되돌아보고 생각하는 시간을 갖는 것이 우리를 도와줄 것입니다.

"인생을 어떻게 보낼 거예요?"

"글쎄요. 그래도 하나는 확실해요.

매 순간을 즐길 것이라는 사실 말이에요."

— 영화 〈소울〉 중에서

영화 〈소울〉은 '태어나기 전' 세계가 있다는 상상으로 만들어진 영화입니다. 불의의 사고로 죽어버린 주인공 '조'가 사후 세계에 가야 하는데 실수로 태어나기 전 세계로 가면서 벌어지는 이야기이지요. '조'는 그곳에서 태어나기 전 영혼들을 만나게 되는데, 모두가 탄생을 기대하지만 딱 한 영혼만은 태어날 이유를 모르겠다면서 모든 것에 시니컬하게 대합니다. 바로 '22번' 영혼이었죠.

조와 22번은 삶에 대해 완벽히 상반된 생각을 갖고 있었습니다. 조는 오로지 하나의 목표만이 삶의 의미라고 생각했고, 22번은 모든 것이 별로 의미 없다고 여겼습니다. 그런데 우연히 지구에 남아 있던 조의 몸에 들어가게 된 22번은 지구에서 삶을 경험하면서 생각이 바뀌게 됩니다. 하늘을 보는 것, 걷는 것, 피자를 먹는 것 모두가 삶의 의미임을 느끼게 되지요. 하지만 조는 그런 것들이 삶의 목적이 될 수 없다고 말합니다. 자신이 살면서 애타게 원했던 유명 재즈 그룹에 들어가서 음악을 연주하는 것처럼 대단한 것만이 삶의 목표라고 이야기하지요. 조와 22번의 말 모두 맞는 것 같으면서도 또 어느 쪽이 맞는지 알 수 없습니다. 여러분은 어떻게 생각하나요?

우리 주변에 무수히 많은 조와 22번이 있을 것입니다. 삶의 의미를 찾고 있다는 점에서 말이지요. '나' 역시 조이기도 하고 22번이기도 할 것입니다. 살아 있다는 것은 어떤 의미일까요? 우리는 왜 살아야 할까요?

화가이자 그림책 작가인 올리버 제퍼스는 『우리는 이 행성에 살고 있어』라는 책에서 우리에게 '지구에서 산다는 것'에 대한 이야기를 들려줍니다. 이 책은 이제 막 세상에 태어난 아들에게 지구의 모든 것을 알려주기 위해서 쓰기 시작한 것인데요. 거대한 우주 속에서 지구라는 행성에 살고 있다는 것은 아름답고 경이로운 일이며, 우주도 지구 위의 내가 없어지면 아무 의미가 없다고 말합니다. 인간은 '이야기'의 창조물이며, 어떤 이야기를 써 내려갈 것인지에 따라 우리의 삶은 달라진다고 말하지요. 많은 사람은 지구가 이미 어려운 상황에 있다며 슬프고 암울한 이야기를 하고 있습니다. 하지만 올리버 제퍼스는 우리가 잊지 말아야 할 단 하나의 사실은, 바로 우리가 "여기 있다"라는 점이라고 말합니다. 우리는 여기 있습니다. 이곳에서 어떤 이야기로 살아갈 것인지 상상해본다면, 우리가 사랑하고 사랑받을 사람들이 이 지구에 무수히 많다는 것을 기억한다면, 우리는 더 의미 있게 살아갈 수 있을 것입니다.

또, 두 명의 노학자가 들려주는 삶에 대한 이야기도 있습니다. 『내게 남은 삶이 한 시간뿐이라면』의 로제 폴 드루아와 『모리와 함께한 화요일』의 모리 슈워츠는 삶과 죽음에 대해 다정하게 우리에게 말을 건넵니다. 두 권의 책에서 삶의 지혜를 찾아 영화 속 두 주인공에게 말을 건네보았습니다. 삶의 비밀은 무엇인지, 조와 22번에게 들려주고 싶은 이야기를 소개합니다.

22번에게 보내는 편지:
현재를 즐기며 사는 삶 ──────────────

정윤진(15세)

> "황홀함과 비탄, 환희와 고독, 간질거리는 것과 역겨운 것,
> 이 모든 것이 언제나 두서없이 얽혀 있는 것,
> 그것이 바로 삶입니다."
> ― 로제 폴 드루아, 『내게 남은 삶이 한 시간뿐이라면』, 46쪽, 센시오

새로운 생명으로 탄생하게 될 22번 당신에게 지구에 사는 제가 한 가지 조언을 해드리겠습니다. 우리는 때론 기쁨이나 행복과 같이 긍정적인 것이 삶의 전부라고 생각합니다. 하지만 이는 어리석은 생각입니다. 삶에

는 즐거움과 기쁨도 있지만 슬픔과 불행도 있습니다. 삶에는 긍정적이거나 부정적인 것, 어느 한 면만 있는 것이 아닙니다. 우리는 이 사실을 직시하고, 받아들여야 합니다. 행복한 시간도 있지만 불행한 시간도 있었기에 지금의 내가 있고, 지금의 내 삶이 있는 것입니다. 그렇기 때문에 완벽히 행복한 삶이란 없습니다. 저도 지금부터는 삶을 온전히 받아들이면서 살고자 합니다. 제가 어려워했던 시기를 잊으려고 하지 않고 그대로 간직하고, 행복했던 시기 또한 마음속에 간직한 채로 말입니다.

김예지(15세)

안녕하세요 22번 씨! 당신의 새로운 시작을 축하합니다.

당신이 지구에서 새로운 인생을 살아가며 주어진 기회에 감사해하면 좋겠습니다. 가끔 살아가다 누군가가 너무 원망스럽거나 스스로가 싫어질 수도 있습니다. 하지만 그런 감정을 너무 오래 느끼진 않았으면 합니다. 오히려 그런 사람이나 물건, 또는 상황에서도 자신을 버티게 해주는 걸 감사해한다면 인생이 즐거울 겁니다.

지구에선 당신이 원래 있던 곳에서처럼 삶을 너무 비관적으로 바라보지 마세요! 기회 하나하나는 모두 소중하거든요.

박혜민(15세)

삶의 목적이나 이유는 모든 순간에 있습니다. 꼭 불꽃이 뚜렷하고 클 필요도 없습니다. 불꽃은 살아가면서도 알아갈 수 있으니까 소소한 일상을 즐기고 소중히 여기며 살아가면 좋겠습니다. 보통 인간들은 자신의 꿈과 목표에만 신경 쓰고 삽니다. 그리곤 성취했을 때 막상 허무하다며 실망합니다. 그러면서 나중에 정말 중요한 것을 깨닫게 됩니다.

조와 함께 지구에 갔을 때를 꼭 기억하며 사세요. 삶을 사는 이유는 새로운 것을 경험하며 다양한 감정들을 느끼고 무엇보다 행복을 위해서입니다. 그럼 지구에서 잘 살길 바라요!

김영찬(15세)

22번, 저는 지금 지구에서 행복하게 살고 있는 사람입니다. 지금은 아무리 삶의 목표가 없고, 왜 사는지 모르겠고, 앞으로 살아갈 것이 두렵다고 해도 한번 지구에 던져져봐요. 우리도 당신과 같이 지구에 계획 없이 던져진 존재들이지만 각자 자신의 위치에서 최선을 다하며 살아가고 있고, 세상도 잘 돌아가고 있습니다. 지구에 던져진 다음 최대한 많은 것을 경험해봐요. 그리고 외부적인 요소에 휘둘리지 말고 진짜 당신의 진실한 감정을 느껴보세요. 분명 더 재미있고 더 해보고 싶은 것들이 있을 겁니다. 그것을 목표로 잡고 열심히 살아가면 됩니다. 목표를 빨리 이루면 더 높은 목표를 잡고 힘들면 목표를 바꾸어도 좋습니다. 그 목표가 무엇이 되든 저는 당신을 응원하겠습니다. 좋은 경험만이 당신을 기다리고 있지는 않겠지만 힘든 경험을 통해서 성장할 수 있으니 너무 걱정하지 마세요. 한번 진짜 잘 살아봐요!

이윤후(15세)

　지구에는 거창한 것이 아니라도 사람들에게 의미를 주는 수십 수억 개의 물건과 음식들이 있습니다. 다른 사람들이 하찮게 보더라도 자신의 추억이 담겨 있다면 수억 원만큼의 가치를 가지고 있다고 말하고 싶습니다. 피자, 낙엽, 빵 꽁다리 등 우리가 흔하게 일상에서 접할 수 있고 우리의 삶을 몇 배로 풍요롭게 해주는 것, 대수롭지 않고 하찮은 것이라도 의미를 부여하고 아름다운 추억이 담겨 있다면 길가에 지나가는 작은 개미 한 마리라도 충분히 삶의 의미가 될 수 있습니다.

배호은(16세)

　"그러니 스스로 제대로 된 문화라는 생각이 들지 않으면 그것을 굳이 따르려고 애쓰지 말게. 그것보다는 자신만의 문화를 창조해야 해. 그러나 대부분의 사람들은 그렇게 하지 못하네. 그래서 그들은 나보다 훨씬 더 불쌍해. 이런 불편한 상황에 처한 나보다도 말이야."
　─ 미치 앨봄, 『모리와 함께한 화요일』, 83쪽, 살림

　우리 삶이 무의미하고 무기력했던 것은 남이 만들어 놓은 목적을 찾아 좇았기 때문인지도 모릅니다. 22번 당신이 별로 살고 싶지 않았던 이유도, 자신의 목소리를 듣지 못해서였겠지요. 당신뿐만이 아닙니다. 현대 사회에서 오롯하게 나를 말하는 시간보다 남의 말을 듣는 시간이 많은

우리 또한 똑같은 것 아닐까요? 당신이 우연히 삶의 이유를 찾은 것처럼, 우리 모두 자신이 있어야 할 곳에서 삶의 의미를 우연히 찾을지도 모릅니다. 우리 모두 겉으로는 같아 보일지 몰라도 저마다 다른 길을 가고 있기에, 나를 마주하는 순간을 가질 수 있기를 바랍니다.

김리우(14세)

지구에 사는 데 큰 목적이 있지는 않습니다. 그냥 이 지구에 살아 있다는 것 자체가 중요한 것이니 자신감을 가지고 행복을 찾아보세요. 지구에 와서 느꼈던 즐거운 마음 그대로 인생을 살아가면 됩니다. 낙엽이 예쁘게 떨어지고, 피자가 맛있어서라는, 다른 사람에게 별일 아니라고 느껴지는 일들을 특별하게 생각하면 좋겠습니다. 『내게 남은 삶이 한 시간뿐이라면』에서 행복이란 천상의 황홀경이 끝없이 이어지고 결코 퇴색하지 않는 절정의 상태가 아닙니다. 행복이란 그저 시시하고 보잘것없는 것, 완전히 하찮은 것입니다. 그런데 요즘 사람들은 완벽한 행복을 찾으려고 나중을 위해 지금을 희생하는 경우가 많습니다. 만약 남은 삶이 한 시간밖에 없다면 나중을 위해 희생할 시간은 없습니다. 모두가 지금 당장에 충실할 것입니다. 그래서 저도 제게 남은 시간이 한 시간이라는 마음으로 행복하게 살 것입니다. 당신이 하는 모든 일이 삶의 의미이고 삶을 즐기며 하루하루를 특별하고 행복하게 살라고 말해주고 싶습니다.

이정민(15세)

'나'라는 사람의 삶의 이야기는 나의 선택이나 생각, 가치관이나 관점에 따라 생겨나고 바뀌어 갑니다. 우리 모두 이 세상에 살고 있으므로 우주라는 이야기의 일부분으로 자신만의 이야기를 만드는 존재일 수도 있습니다. 그러므로 저는 살아 있다는 것은 저만의 이야기를 써 내려가는 것과 동시에 우주라는 이야기의 일부분으로 존재하는 것이라고 생각합니다. 삶의 의미는 우주라는 거대한 이야기에 자신만의 이야기를 더하는 것입니다.

조에게 보내는 편지:
다양한 목표를 찾아가는 삶 ────────

박수미라(16세)

당신에 대한 영화를 보니 당신에게 뚜렷한 인생의 목표가 있어 놀랐습니다. 저는 뚜렷한 목표 의식을 가지는 게 좋다고 생각합니다. 하지만 오로지 그것만을 보고 달리는 것에는 회의적입니다. 너무 하나만 보고 달리면 내가 지나온 길이 어떤 길인지, 어떤 피자 가게가 있는지, 새로 생긴 건물의 건축양식이 마음에 드는지 모릅니다. 저한테는 목표가 있지만 장황한 '인생의 목표'는 없습니다. 그러면 마음의 여유가 생기기 때문입니다. 그래서 가끔 마음이 힘들 때도 있지만 그럴 때는 제가 놓치지 않은 것을 생각합니다.

"이따금. 아침이 되면 그렇다네. 아침에 눈을 뜨면 아직 움직일 수 있는 내 몸들을 점검하곤 하지. 손가락과 손을 움직여 보고 움직임을 잃어버린 것들에 대해 슬퍼하지. 천천히 내가 죽어가고 있는 것을 슬퍼한다네. 하지만 그런 다음에는 슬퍼하는 것을 멈추지."

"어떻게요?"

"필요하면 한바탕 시원하게 울기도 해. 하지만 그런 다음에는 내 인생에서 여전히 좋은 것들에만 온 정신을 집중하네. 나를 만나러 와 줄 사람들, 내가 앞으로 들을 이야기에 대해서 말이지. 만약 화요일 아침이라면 미치 자네에 대해서도 생각하네. 왜냐하면 우리는 화요일의 사람들이니까 말이야…"

— 미치 앨봄, 『모리와 함께한 화요일』, 110쪽, 살림

저는 『모리와 함께한 화요일』을 읽고 나서 지금 이 순간이 헛되지 않게, 주변인들과 많은 추억을 쌓고, 되도록 좋든 나쁘든 많은 경험을 하며 나의 임무에 성실히 임하자고 생각했습니다. 죽음을 앞둔 미래의 '나'가 과거를 떠올리며 '아 그때 행복했지'라는 생각을 할 수 있도록 과거, 현재와 미래를 보내겠다고 다짐했습니다. 당신도 한번 해보는 건 어때요? 당신은 너무 많은 것들을 놓쳤습니다. 지금이라도 당신이 놓친 것을 생각해보세요. 아주 아쉬울 걸요?

이동윤(16세)

대부분의 사람은 자신이 평범하게 태어나 남들과 비슷한 학창 생활, 사회생활을 하다 늙어 죽기를 거부합니다. 그들은 자신들이 삶에서 특별한 성과를 내 남들보다 더 독특하고 다채로운 삶을 살고 싶어합니다. 자기 삶의 목표를 세우고 그것을 이루기 위해 달립니다. 그런데 이러다 보면 평범한 일상에서 기쁨을 잊게 됩니다. 하나만을 보기 때문에 주변의 아름다움을 볼 기회를 잃어버리고, 친한 친구와의 대화 같은 것에 몰두할 수 없습니다. 그렇기에 우리는 삶의 목표를 세우고 빠르게 그것에 도달하기 위해 노력하는 것이 아니라, 넓게 보고 여유롭게 살아야 합니다. 삶의 목표도 우리가 만든 것이지 않습니까? 우리가 어떻게 살든 삶의 끝에 도달합니다. 목표를 세우지 않아도 무언가를 이룬 채 삶을 마무리하게 된다는 사실을 기억하면 좋겠습니다.

김민서(16세)

"우리 문화는 일종의 세뇌를 하고 있지. 사람들을 세뇌시키려면 계속 같은 말을 반복하게 한다네. 이 나라에서도 그런 식으로 사람들을 세뇌시키고 있어. '물질을 많이 소유할수록 좋다. 돈은 더 많을수록 좋다. 더 많은 것이 좋다! 더 많은 것이 좋다!' 우리는 계속해서 그 말을 반복하지. 또 그 말들이 우리 스스로 그 행동을 반복하도록 만들고 있어. 그러다 결국에는 아무도 다르게 생각할 수가 없게 돼 버리지. 보통 사람은 이 모든 것에 눈이 멀게 되고 그래서 진짜 중요한 게 뭔지 아무도 생각하지 못하게 된다네."

— 미치 앨봄, 『모리와 함께한 화요일』, 192쪽, 살림

남들보다 눈에 띄는 목적, 남들에게 설명했을 때 비판받지 않아야 할 목적만이 꼭 의미가 있는 것은 아닙니다. 사소한 것이라도 '나 자신'에게 의미 있으면 값진 것입니다. 지금 삶의 목적이 내가 원하는 목적인지, 내가 이 목적을 이룬다면 그 뒤에는 어떻게 될지 등 정말로 이 목적이 맞는지 생각해보세요. 인생은 남의 칭찬과 추천으로 채워지는 것이 아닌 스스로 선택하고 살아가는 것이기 때문에 큰 재즈팀 연주가보다는 사소하지만 의미 있고 즐거움을 느낄 수 있는 재즈 강사를 계속하는 건 어떨까요?

이재영(15세)

당신은 삶의 목표가 하나라고 생각하지만 제 생각은 조금 다릅니다. 음악은 물론 삶의 이유가 될 수 있지만 수많은 삶의 목표 중 하나라고 생각합니다. 그중에서 당신에게 가장 큰 목표와 이유가 음악이었던 것이죠. 당신이 너무 한쪽에만 치우쳐져 다른 목표를 못 찾는 것일지도 모릅니다. 목표를 달성하고 다른 기분이 느껴지지 않은 것도 너무 한쪽에만 치우쳐 있기 때문입니다. 사소한 것들도 모두 삶의 목표가 될 수 있습니다. 삶의 목표는 정해져서 태어나는 것이 아닌 태어나 찾고 만드는 것입니

다. 삶의 목표를 이루는 것만으로 이미 충분한 것 같다고 생각할 수 있지만 좀더 충만한 기쁨으로 삶의 의미를 찾아보세요.

손가정(14세)

"의미 있는 삶을 찾는 것에 대해 얘기한 걸 기억하나? 적어두기도 했지만 암송할 수도 있네. '사랑하는 사람들을 위해서 자신을 바쳐라. 자기를 둘러싼 지역 사회에 자신을 바쳐라. 그리고 자기에게 목적과 의미를 주는 일을 창조하는 데 자신을 바쳐라.'"
— 미치 앨봄, 『모리와 함께한 화요일』, 195쪽, 살림

인생에는 꼭 하나의 목적이 있어야 하는 것은 아닙니다. 당신의 불꽃은 재즈이지만 재즈만이 오로지 삶의 목적이라곤 할 수 없는 것처럼 말입니다. '재즈'를 하는 것만이 삶의 의미라 하지만 22번은 생활 속의 소박한 것들에 행복을 느낍니다. 『모리와 함께한 화요일』에 나왔던 것처럼 자신이 가진 것을 사랑하는 사람들에게 나누는 삶에서 행복을 느끼고 소중함을 느끼는 것이 가장 중요하지 않을까요?

이강욱(15세)

"내 말은 스스로 새로운 문화를 만들어 내야 한다는 뜻이네. 물론 사

회의 규칙을 모두 다 무시하라는 건 아니야. 예를 들면, 나는 벌거벗은 채 돌아다니지도 않고 신호등이 빨간 불일 때는 반드시 멈춘다네. 작은 것들에는 순종할 수 있지. 하지만 어떻게 생각할지, 어떤 가치를 중요하게 여길지 등과 같이 커다란 줄기 관한 것들에 대해서는 스스로 결정을 내려야 하네. 다른 사람이나 사회가 우리 대신 그런 사항을 결정하게 내버려 두면 안 돼."

— 미치 앨봄, 『모리와 함께한 화요일』, 229~230쪽, 살림

조, 삶의 목표만이 삶의 의미라고 생각하지 않았으면 좋겠습니다. 단순히 목표를 이루기 위해 삶을 산다면 인생이 정말 지루할 것 같지 않나요? 삶에는 많은 시간이 있습니다. 독일의 위대한 문호 괴테도 시간이 자신이 가진 재산과 경작지라고 했습니다. 그렇게 많은 시간을 오직 하나의 목표를 위해 쓴다면 그 시간이 아까울 것 같습니다. 그 목표를 이루고 난 후의 삶은 의미가 없을 것 같고요.

매일매일 삶 속에 숨은 가치들을 찾아보아요. 산책하며 마시는 공기, 나무, 고양이들을 느껴보며 그 속에서 삶을 마음껏 경험하길 바라요. 유한한 삶이지만 그 속에서 많은 것을 채워보아요. 소소한 것도 삶의 의미가 될 수 있습니다. 목표를 위해 삶을 살지 마세요. 인생을 마음껏 즐기고 행복으로 삶을 채워서 '목표를 이루는 삶'보다 '삶을 즐기며 산 사람'이 되는 게 더 의미 있다고 생각합니다.

조이자 22번인 나 자신에게 보내는 편지:
자신에게 던져진 시간을 충만하게 사는 삶 ──────

백주은(18세)

반복되는 일상에서 특별함을 느끼지 못할 때, 내게 주어진 시간은 매우 가치가 없다고 느껴집니다. 그럴 때면 시간의 유한성에 대해 떠올립니다. 모든 순간들이 다시는 없을 소중한 추억이고, 주어진 시간에 최선을 다하지 않는다면, 나중에 후회할 것입니다. 일상적인 것도 나름의 노력의 결과이고, 반복되는 행동 속에서도 우리는 의식절차를 거칩니다. 본인만의 생활 습관들이 자신을 만들고, 앞으로 무탈하게 생활하도록 한다는 것입니다.

항상 살아 있음에 감사하는 것이 삶의 소중함을 알게 해주는 방법입니다. 아침에 기지개를 켜고 일어날 수 있음에, 고민과 스트레스를 받더라도 해결하는 과정에 있을 때, 특히 자신이 좋아하는 일에 최선을 다하고 있을 때, 그래서 때로는 힘듦을 느낄 때 우리는 살아 있음을 느낍니다. 그리고 사랑하는 사람을 잃었을 때 느껴지는 엄청난 슬픔이 역설적으로 우리는 살아 있다는 것을 실감하게 합니다. 이러한 감정들이 자신을 변화시키고, 어떤 존재감을 느끼게 하는 지점인 것 같습니다.

22번처럼 새로운 순간에 두려움을 느끼는 것은 당연한 일입니다. 삶에 있어 하나 둘 문제를 해결해나가며, 자신만의 삶을 개척해나가는 것이 우리 삶의 의미가 아닐까요? 이 세상에 태어난 사람으로서, 모든 사람이 스스로의 선택으로 태어난 것이 아니기에 자신에게 주어진 시간과 책임을 최선을 다해 채워나가는 것이 삶이 아닐까 생각합니다. 저 역시 저에게 주어진 이 시간을 최선을 다해서 살아가고 싶습니다.

이선우(18세)

하늘을 보는 것이, 걷는 것이 삶의 의미라고 생각하는 일은 한국에서 평범한 고등학생으로 살아가는 저에게 꽤나 낯설게 느껴집니다. 우리는 늘 무언가를 성취해야 하고, 돈을 벌어야 하는 부담감을 마음에 지고 사는 것이 사실이니까요. 하늘을 보는 것, 걷는 것, 피자를 먹는 것이 삶의 목적이 될 수 없다고 말했던 조가 더 설득력 있게 보이기도 합니다.

하지만 영화를 보면, 다시 지구에서 삶을 살게 된 조는 자신이 그렇게나 꿈꿔온, 바라고 바랐던 무대에서 피아노 연주를 선보이고 나서도 왠지 모를 허무함을 느낍니다. 이제 그 다음은 내가 무엇을 해야 할지에 대한 일종의 막막함. 그 감정 속에서 조는 아주 사소한 일에도 벅차듯이 기뻐했던 22번을 자연스레 떠올렸고, 자신이 다시 살 수 있는 기회를 22번에게 넘겨주자는 결심을 하게 됩니다.

저는 조가 그런 대단한 결심을 한 것이 이해가 됩니다. 22번이 지구에서 보여주는 삶의 태도는 제가 선망하는 것이기 때문입니다. 저도 주어진 것에 감사하면서 살고 싶지만, 그러지 못할 때가 많습니다. 새롭게 태어나 삶을 살아갈 22번에게 다른 사람에게 이해받으려 노력하지 않아도 되니 자신 그대로, 그저 네가 생각하는 대로, 네가 느끼는 대로, 그렇게 아주 천천히 삶을 음미하며 살라고 말하고 싶습니다. 맛있는 음식은 더욱 맛있어하고, 걷는 것은 더 오래하고, 하늘을 보는 것을 최선을 다해, 또 울 때는 후회 없이 울라고, 그리고 그 감정들을 꼭 마음에 오래 가지고 살라고 말하고 싶습니다. 이건 저 자신에게 건네는 말이기도 합니다.

저는 영화 속에서 조가 하루를 더 살았다면 어땠을까 궁금합니다. 그럴 때가 누구든 있습니다. 사르트르와 같은 실존주의자들의 말을 빌리자면, 조가 느꼈던 그 무의미함 덕분에, 무의미하기 때문에 조의 삶은 오히려 의미가 있습니다. 삶에는 아무런 고정된 의미가 없기 때문에 우리는 실존에 집중하며 스스로 그 의미를 만들 수 있기 때문입니다. 무의미해서 자유롭다는 말입니다. 막막함과 무의미함, 허무함을 느낄 때에 비로소 조는 정말로 가치 있는 자신의 자리를 만들고 싶다는 생각을 할 것이고, 의미 있는 삶을 원하게 될 것입니다. 카뮈의 말을 빌리면 위대한 의식의 순간을 조는 경험한 것입니다. 조가 삶의 허무함을 느낀 바로 그 다음날을 보고 싶은 이유입니다. 그가 본인 의지대로 스스로 선택한 삶의 의미는 무엇이었을까요? 그 삶은 이제 저와 여러분 몫이라고 생각합니다.

더 읽어볼 책

· 『**국경 없는 과학기술자들**』, 이경선 지음, 뜨인돌, 2013
· 『**모리와 함께한 화요일**』, 미치 앨봄 지음, 공경희 옮김, 살림, 2017
· 『**의술은 국경을 넘어**』, 나카무라 테츠 지음, 아시아평화인권연대 옮김, 산지니, 2006
· 『**폴 파머, 세상을 고치는 의사가 되어 줘**』, 김관욱 지음, 탐, 2016

나는
대한민국
학생입니다

"OECD와 UN에서 코로나가 교육에 미치는 영향에 대한 보고서를 발행했습니다. 이 자료에 따르면 가장 큰 충격을 받은 집단이 가난하고 취약한 계층의 아이들이라는 것입니다. (…) 우리가 고민해야 하는 부분은 누가 더 피해를 입었는지, 그래서 복원을 위해 우리가 무엇을 더 노력을 해야 하는가에 대한 것입니다. 단순히 학교 교과서의 진도를 얼마나 나가느냐의 문제가 아니라 훨씬 더 깊은 의미에서 인간에 대한 고찰이 필요합니다."

| 함께 읽은 책 |

『우리는 정의로운 세상을 만들 것이다』, 인디고 서원 엮음, 궁리, 2021
『공부는 정의로 나아가는 문이다』, 인디고 서원 엮음, 궁리, 2020

우리가 직면한 부정의한 세계

3월에 함께 읽은 책은 『우리는 정의로운 세상을 만들 것이다』입니다. 제목처럼 우리가 정의로운 세상을 만들기 위해서는 어떤 노력이 필요한지. 함께 찾아보는 시간이길 바랍니다.

전염병 또는 팬데믹을 받아들이는 사람의 정서가 다 다를 것입니다. 어떤 사람은 지겹다고 할 수도 있고, 또 어떤 사람은 무섭다는 느낌을 받거나, 언제 이 상황이 끝날까 하는 불안한 감정을 느낄 수도 있을 것입니다. 이탈리아의 작가 파올로 조르다노는 팬데믹의 시대에 우리에게 가장 중요한 것은 연대감의 부재와 그것으로부터 비롯되는 상상력의 결여라고 말했습니다. 팬데믹이 우리에게 가져다준 가장 큰 깨달음이 하나 있다면 내가 안전하게 살아 숨 쉬기 위해서 우리는 타인의 노력을 필요로 한다는 것입니다. 내가 이타적으로 행동하는 것이 나 자신의 생명도 보호할 수 있다는 깨달음을 주었습니다. 내가 아무리 마스크를 열심히 끼고 손세정제를 바를지라도, 공간을 같이 쓰고 있는 누군가가 원칙을 어기면 나의 모든 노력은 수포로 돌아간다는 것입니다. 그런 의미에서 공동체의 일원으로 타인을 생각하는 행동을 했을 때 그 노력의 결과가 곧 나에 대한 안전과 이득 혹은 자유로 돌아온다는 사실이 전염병의 시대에 가장 극명하게 드러난 사실입니다. 나의 이익만을 추구하는 행동은 어떤 의미에서도 정당화되기 어려운 것이 바로 팬데믹 시대라고 말할 수 있습니다.

"건강에서 불평등은 그 어떤 형태의 불평등보다도 충격적이며 비인간적이다."
– 마틴 루터 킹 주니어

연대감이라는 것은 이타적 행동에서 비롯하여 완성될 수 있습니다. 파올로 조르다노가 말했듯 이 지점에서 '상상력이란 무엇인가'가 중요한 문제라고 생각합니다. 한국뿐만 아니라 전 세계 모든 곳에서 코로나19로 인한 고립의 문제가 생겼습니다. 그런데 이 순간 가장 중요하게 고려해야 하는 것은 무엇일까요? 당장 생사가 걸린 질병의 문제도 있고, 경제적인 문제도 있겠습니다. 하지만 배움이라고 하는 것에 코로나로 인해서 1년간의 공백이 생겼다는 것은 정말 중요한 문제입니다. 이 공백을 경제적으로 환산하면 1경 5876조라는 빚이 생겨서 우리 앞에 놓여 있다는 분석 기사들이 많이 있습니다. 학교를 지난 1년 동안 제대로 가지 못했고, 이전의 학교의 모습과는 많이 달라졌습니다. '이 공백을 누가 책임질 것인지, 누가 어떤 모습으로 피해를 입었고, 그것을 보상할 수 있을 것인가'는 우리 공동의 문제라고 볼 수 있습니다.

OECD와 UN에서 코로나가 교육에 미치는 영향에 대한 보고서를 발행했습니다. 이 자료에 따르면 가장 큰 충격을 받은 집단이 가난하고 취약한 계층의 아이들이라는 것입니다. 이 아이들에게는 충격을 흡수해줄 장치가 없어 타격을 강하게 받았고, 아무리 노력을 해도 충격 자체가 워낙 크기 때문에 그것으로부터 회복하는 능력이 굉장히 떨어지는 집단이라는 것입니다. UN 보고서가 말하는 지점이 바로 이 지점입니다. 우리가 고민해야 하는 부분은 누가 더 피해를 입었는지, 그래서 복원을 위해 우리가 무엇을 더 노력을 해야 하는가에 대한 것입니다. 단순히 학교 교과서의 진도를 얼마나 나가느냐의 문제가 아니라 훨씬 더 깊은 의미에서 인간에 대한 고찰이 필요합니다.

정의로운 세상을 꿈꾸는 상상력의 힘

'코로나 블루'라고 표현하기도 하는 사회적 고립에 의한 우울, 분노, 슬픔, 이 모든 것들은 정서이고 감정입니다. 이것은 가시적으로는 드러나지 않는 것이고, 우리가 감지하지 못하는 사이 우리 사회를 지배하는 감정으로 굳어질 수 있습니다.

『우리는 정의로운 세상을 만들 것이다』에 있는 질문들이 상상력을 자극한다고 생각합니다. 레베카 솔닛이라는 작가가 이 책에 언급이 되어 있는데, 희망은 앞으로 닥칠 불확실성 속에서도 명확한 시각을 제공한다고 주장합니다. 솔닛이 북아메리카에서 일어난 많은 재난을 연구하면서, 재난 끝에 인류 공동체가 발휘했던 상상력과 그 상상력이 빚어낸 완전히 새로운 사회의 모습에 대해서 이야기합니다. 코로나 이후의 우리의 삶이 어떻게 바뀔 것인지는 우리의 상상력에 달려 있습니다. 우리가 생각하는 정의로운 세상은 어떤 것인가라는 상상력은 우리의 몫으로 온전히 남아 있습니다.

『시적 정의』의 저자인 마사 누스바움은 '문학 작품이 인간 존재와 인간 사회에 어떤 영향을 미칠 수 있을 것인가'를 연구했습니다. 그녀는 상상력의 부재, 공동선의 부재를 중요하게 말합니다. 찰스 디킨스의 『어려운 시절』이라는 책을 주된 주제로 해서 이야기를 풀어나가는데, 우리가 코로나 이후로 느끼고 있는 정서와 감정들이 누스바움의 주장에 따르면 문학 작품을 통해서 우리가 충분히 상상 가능하다는 것입니다. 또한 실천의 강력한 동기가 된다는 것입니다. 결국 핵심은 '우리에게 필요한 것은 상상력이고, 그 상상력은 인문학을 통해서 길러낼 수 있고, 궁극적으로는 공적인 영역까지도 변화시킬 수 있는 힘이 있다'라는 믿음을 공유할 수 있습니다.

코로나가 시작될 때 우리가 내렸던 일련의 결정들을 봅시다. 학교를 폐쇄하는 대신에 쇼핑센터는 열어두었던 선택, 혹은 학교를 개학할 때 고등학교 3학년부터 대면으로 전환했던 선택이 과연 옳았던 결정이었는지, 만약 다시 결정을 한다면 어떻게 다르게 할 수 있을까 생각해볼 수 있습니다. 그런 것이 바로 상상력이고, 공감과 연대를 위한 상상력은 한 사회 구성원 모두가 공유해야 하는 것입니다.

『허클베리 핀의 모험』이야기는 주인공 '허크'가 아버지의 폭력성이 극에 달했을 때 아버지 몰래 미시시피 강에 있는 섬으로 도망을 치면서 시작합니다. 도망치는 과정에서 또 다른 도망친 노예인 짐을 만나게 됩니다. 남북전쟁 이전의 시대, 그러니까 노예제도가 아직 존재했던 시대를 다루고 있는 소설이기 때문에 원칙적으로 허크가 짐을 발견한 이상 짐이 도망쳐 왔다는 사실을 신고해야 하는 의무가 있었습니다. 그 순간에 허크는 갈등에 빠지게 됩니다. 자신에게 주어진 국민으로서 의무를 다할 것인가, 눈 앞에 있는 인간에 대한 연민을 따를 것인가, 하는 고민입니다. 이 소설이 위대한 지점은 인류가 누구나 처할 수 있는 도덕적인 딜레마를 다룬다는 것에 있습니다. 허크의 결정은 이 문장에서 알 수 있습니다. "그래 좋다, 나는 지옥으로 가겠다. 지옥으로 가도 좋으니 짐을 배신하지 않겠다"라고 하는 윤리적인 결정을 합니다. 이 결정을 허크가 내릴 수 있었던 것 역시 일종의 상상력이라고 봅니다. 대부분의 경우 정해진 법령에 따라서 순응적으로 행동합니다. 만약 허크도 그 당시의 법에 따랐더라면 짐은 또다시 지옥 같은 노예 생활로 돌아가게 되었을 것입니다. 하지만 허크는 그런 선택을 하지 않았습니다.

『안티고네』 또한 마찬가지입니다. 두 명의 친오빠 중 한 사람은 왕의 명령에 따랐고, 한 사람은 왕의 명령을 어기고 국가를 배신했다는 이유로 장례를 치르지 못하게 했습니다. 그럼에도 불구하고 안티고네가 왕의 명령을 거역하고 장례를 치르는 내용의 소설입니다. 안티고네와 허크는 '내 앞의 주어진 거대한 힘에 거역하는 방식에 있어서 상상할 수 있는 능력이 있는지' 우리에게 묻고 있습니다. 허크의 선택이 우리에게 주는 물음에 대해서 나는 어떤 답을 할 수 있는지 고민해보고, 그 질문에 답하고자 함께 노력하는 행위를 통해 상상력을 기를 수 있다는 것이 『시적 정의』의 가장 핵심적인 주제입니다. 정의로운 사회는 개인과 사회가 문학적 상상력 및 합리적 감정이라고 하는 공동의 사유를 통해서 도달할 수 있는 것입니다.

마사 누스바움은 '시적 지혜'라는 표현도 썼는데요. 월트 휘트먼이라고 하는 미국의 시인의 구절을 빌려서 설명하고 있습니다. '햇볕처럼 세상의 존재들을 살피고 감싸 안는다'라고 말이지요. 시적 지혜를 철학적으로 분석하기보다 휘트먼의 말처럼 햇볕처럼 세상의 존재들을 두루두루 구석구석 살피는 것이라고 표현합니다. 하나하나를 두루 살피는 것을 문학적 상상력을 통해서 가지기를 희망한다고 누스바움은 말하고 있습니다.

인간다움의 조건

수전 손택이라고 하는 미국의 에세이스트는 타인의 고통에 대해 아주 깊이 이야기했습니다. 그녀는 '우리'라고 하는 단어 안에는 반드시 배제되고 소외되는 집단이 존재할 것이기 때문에 타인의 고통에 대해서 고민할 때에는 '우리의 상상력이 충분히 발휘되지 않고는 우리와 고통에 대해서는 말할 수 없다'라는 말을 하고 있습니다. 가능한 내가 할 수 있는 노력을 다해서 상상력을 발휘해서 타인의 고통 속 아주 사소한 사정까지도 진지하게 느끼고 공감하려고 노력하지 않으면 안 된다는 것입니다. 그 사소함의 정도는 예를 들어 코로나19로 학교에 가지 못하는 아이들이 어떤 시간을 보낼지 상상해보는 것입니다. 직장에 가야 하는 부모님은 아이들을 돌볼 수 없으니 아이가 혼자 라면을 끓여 먹다가 불이 나서 죽을 수도 있고, 그 아이가 아침에 눈을 떠서 부모님이 돌아오는 밤까지 기다리는 그 모든 순간을 상상해보는 것을 뜻합니다. 하지만 우리는 그 노력을 잘 하지 못하고, 잘 하지 않습니다.

손택은 눈물을 흘릴 줄 아는 능력에 대해서 말합니다. 하지만 우리는

자본주의는 불평등을 심화하는 방향으로 진행되어왔다. 인간의 존엄성을 해치는 제도를 내버려둘
수는 없다.

눈물을 흘릴 줄 아는 능력을 잘 가지고 있지 못합니다. 심지어 실제 어려운 상황에 놓인 아이의 이야기를 듣고도 눈물을 흘리지 않는다는 것이 지금 우리의 모습이라고 할 수 있습니다. 손택은 그 지점을 일깨우는 것입니다. '그것이 인간인지', '우리가 과연 눈물을 흘리지 않아서야 되겠는가'에 대한 질문을 우리에게 하는 것입니다.

『사회 정의론』을 쓴 존 롤스가 정의를 이야기할 때 아주 특별하게 이야기하는* 부분이 있습니다. 정의의 제2원칙인 차등의 원칙이라고 하는 것입니다. 우리가 대부분 정의라고 생각하는 것은 균등하고 공정한 원칙을 떠올리기 마련입니다. 하지만 존 롤스는 정의를 추구하기 위해서는 불평등한 차등의 원칙이 필요하다고 말합니다. 사회적 약자에게는 훨씬 더 많은 기회와 권리를 보장해주는 원칙입니다. 역차별이라는 단어를 많이 말하는데, 대단히 한국적인 면이 있는 단어이기도 합니다. 소외되고 기회가 없는 사람들에게 권리를 보장해주겠다고 하는 아주 적극적인 행위는 반대급부를 낳을 수 있습니다. 그 반대급부에 대해서 한국 사람들이 굉장히 민감하게 반응합니다. 미국 같은 경우 하버드 대학교를 예로 들어보자면 유색인종들에게 반드시 쿼터제를 주어서 기회를 균등하게 주어야 한다는 정책을 펼치고 있습니다. 한국도 마찬가지로 지역균등 선발과 같은 개념이 있습니다. 어느 지역에 있다고 하더라도 그 지역에서 충분히 열심히 공부한 사람에게 기회를 줄 의무를 대학에 부여하는 것입니다. 그런데 한국에서 이런 경우 역차별을 받는다는 이야기가 나온다는 것입니다. 지역 할당제 때문에 성적이 우수한 서울 지역의 '나'가 손해본다는 것이지요.

하지만 롤스는 최소로 수혜를 받는 사람들을 최우선으로 두고 정책을 만드는 사회가 정의로운 사회라고 말하고 있습니다. 정의로운 사회란 사회적 약자가 가장 많이 정의를 누릴 수 있는 사회라는 것입니다. 결국 궁극적으로 그렇게 해야만 공동선을 달성할 수 있다고 말하고 있습니다. 그렇다면 과연 우리 사회는 사회적 약자들을 중심에 놓는 정책을 펼치고 있는지에 대해 반문해보아야 합니다. 거대 기업에 유리한 정책을 펼치고 있지는 않은지, 땅과 아파트를 많이 소유한 사람들을 위해서 정책을 펼치고 있는 것은 아닌지에 대해서 생각해보아야 합니다.

우리는 정의로운 세상을 만들 것이다

파울루 프레이리라고 하는 남미의 교육학자가 한 말이 있습니다. "강자와 약자의 싸움에서 아무 편도 들지 않는 것은 강자의 편을 드는 것이다." 우리가 힘 있는 사람과 힘없는 사람이 누구인지를 파악하고, 동시에 둘 사이의 다툼에 있어서 내가 어디에 더 눈을 돌려야 하고, 나 자신은 누구의 편에 설 것인지 냉철하게 볼 필요가 있습니다. 그 다음에는 손택이 말했던 '눈물을 흘릴 줄 아는 능력', 롤스가 말했던 '최소수혜자를 우선으로 두는 정의로운 세상을 어떻게 만들 것인가'라는 질문을 해야 한다는 것입니다.

한나 아렌트라는 여성 철학자는 딸을 너무나도 사랑했던 아돌프 아이히만이 600만 명의 유대인을 살해할 수 있었던 것을 보고 인간성이라는 것이 얼마나 취약하고, 악이라는 것이 얼마나 평범한지에 대해서 『예루살렘의 아이히만』에서 이야기합니다. 아렌트는 인간이 인간답게 산다는 것이 얼마나 어려운지 되묻습니다. 인간성은 아주 쉽게 훼손될 수 있다는 것입니다. 그러면서 인간성을 획득할 수 있는 가장 쉬운 방법은 공공의 영역에서 함께 모여 함께 모험을 하는 것이라고 말합니다. 모험이란 혼자 떠나는 것이 아니라 공공의 영역으로 함께 떠나는 것으로, 이러한 행위로만 인간성이 완성될 수 있습니다. 상상력과 연대 의식 또한 공동의 행위와 공동의 질문으로부터 생겨날 것입니다. 정의로운 세상을 만드는 우리의 힘도 바로 이 지점에서 생겨날 수 있을 것이라고 생각합니다.

토론
생각에 대한 새로운 생각

생각이란 무엇일까요? 자유롭게 찾아왔다가 어느 순간 흔적도 없이 사라져버리기도 하고, 어떨 땐 재미있는 친구처럼 시간을 보내다가 갑자기 멋지게 떠올라 나의 행동과 생활에 큰 도움을 주기도 합니다. 이렇게 우리는 생각을 통해 구성되고 행동하며 삶을 만들어나가는데요. 『생각을 바꾸는 생각들』에서 비카스 샤는 단지 개인만 그러는 것이 아니라, 이 사회 전체가 우리의 생각으로 이루어져 있다고 말합니다.

"우리는 시장·경제·문화·사회·정치를 외부에 존재하는 현상으로 간주하지만 사실 그것들은 모두 우리의 생각, 즉 '인식 활동'의 소산이다. 우리와 동떨어진 것이 아니며, 우리 자신을 형성하는 것이면서 그 자체로 우리 자신이기도 하다. (…) 사실 우리가 최고니 최악이니 하는 것들도 모두 '생각'의 결과물이나 마찬가지다. 문화·사회·경제·정치의 모든 영역에서 불안정성과 불투명성이 높아진 지금 우리에게 필요한 것은 솔직하고 열려 있는 대화를 통해 최대한 다양한 지식과 의견을 받아들이는 것이다. 그래야 우리에게 닥친 문제들을 더 깊이 이해하고 해결해갈 수 있기 때문이다. 소셜네트워크에서 벌어지고 있는 불신과 혐오, 서로를 향한 인신공격은 우리가 서로의 생각을 충분히 나누지 못했기 때문인지도 모른다."

— 비카스 샤, 『생각을 바꾸는 생각들』, 17쪽, 21~22쪽, (주)인플루엔셜

새로운 만남과 경험은 새로운 생각을 갖게 하며, 기존의 생각들에 의문을 던지고 더 나은 방향을 고민하게 합니다. 생각이 중요한 이유는 자기 자신을 구성하고, 우리의 삶을 만들며, 사회를 움직이게 하기 때문입니다. 우리가 어떤 생각을 하느냐에 따라 어떤 존재든 될 수 있고, 어떤 세상이든 만들 수 있습니다. 책의 제목처럼 생각을 바꾸는 생각들을 만나고 사유 지평(the horizon of thought)의 확장을 시도해봅시다. 책을 읽으며 다양한 질문에 대한 사람들의 각기 다른 답변을 들어보고, 그 질문에 대한 자신의 답변도 생각해봅시다. 또 책에 소개되어 있지 않은 질문이라도 스스로 궁금했던 질문을 던져보고 대답을 고민해봅시다.

분쟁과 폭력은 정당화될 수 있는가? ─────────

정시우(15세)

세상은 국가나 각자의 이익을 위해 돌아간다고 합니다. 하나의 행성, 하나의 집단 속에서도 더 많이 얻기 위해 분쟁과 폭력을 일으킵니다. 하지만 과연 더 많이 갖기 위한 경쟁이 당연한 걸까요? 분쟁과 폭력은 정당

하다고 할 수 있을까요?

저는 정당화할 수 없다고 생각합니다. 경쟁하는 것이 어쩔 수 없다고 하더라도 그 방법이 꼭 폭력적이어야 할 필요는 없습니다. 우리는 경쟁을 할 때, 노력과 열정을 통해 이전보다 더 발전하고 좋은 선택을 할 수도 있습니다. 그런데 분쟁과 폭력은 오히려 경쟁하며 더 나쁜 상황을 만들 뿐입니다.

이렇게 서로가 발전하는 공생을 위해, 평화로운 세상을 위해 우리는 서로에 대한 이해가 필요합니다. 남을 이해하지 못하면 경쟁에서 폭력이나 분쟁이 사라지지 않을 것입니다.

언어의 힘이 세상을 바꿀 수 있는가? ─────────

김다민(15세)

언어에는 다양한 종류가 있습니다. 몸짓, 말, 글(문자), 그림 외에도 다양한 언어가 있지요. 이 다양한 언어들이 세상을 바꿀 힘을 가졌다고 생각합니다. 말 한마디로 천 냥 빚을 갚는다는 말처럼, 죽으려고 마음먹은 사람이 응원과 위로 한마디에 살자고 마음을 바꿀 수 있고, 수 세기 전에 썼던 글이 우리에게 전해져 엄청난 역사적 사실을 발견해내기도 합니다. 이렇게 사람의 마음을 움직이게 하고 몰랐던 것을 발견하게 하는 것이 언어입니다. 언어의 힘은 생각보다 위대하고, 세상을 바꾸기에 충분합니다. 중요한 것은 이 강력한 언어를 어떻게 사용하느냐 하는 것입니다. 우리는 배려, 공생의 언어를 사용해야 합니다. 상대를 배려하는 좋은 말을 하고 좋은 말을 들음으로써 지금보다 더 나은 삶을 살 수 있습니다.

인간은 동물보다 우월한가?

이재영(14세)

인간은 동물보다 우월하지 않다고 생각합니다. 그저 우리에게 지능이 부여되었고 그 지능이 힘이 되었기 때문에 발전해오며 상대적으로 인간이 우월하다는 착각을 하게 된 것이라고 생각합니다. 동물은 인간보다 뛰어난 다른 점들이 많습니다. 동물은 태어날 때부터 도망가는 것에 초점을 둘지, 사냥에 초점을 둘지, 풀에서 얻는 영양소로 양분을 얻을지, 고기를 먹어서 양분을 얻을지 등과 같은 것에서부터 시작하여 사냥과 생존에 적합하도록 진화하였고, 인간은 지능을 잘 활용해 지금까지 진화했다고 생각합니다. 또한 인간이 지능적으로 더 낫다고 해도 지금의 모습은 그리 바람직하지 않다고 생각합니다. 자연 파괴, 인종차별, 공장식 축산 등 이런 것들은 인간들이 해서는 안 되는 것들입니다. 지구의 모든 생명체를 위해 지금부터라도 새로운 선택을 해야 하지 않을까요?

오늘날 우리 사회는 얼마나 민주적인가?

이윤영(14세)

오늘날 우리의 사회가 얼마나 민주적인지 알아보기 위해 제가 가장 가까이서 경험했던 사회인 '학교'에 주목했습니다. 우리 학교의 교육 목표 중 하나는 '민주 시민으로 성장하는 인재 양성'인데요, 이 목표를 위해 매월 첫째 주 월요일에는 학급 회의를, 수요일에는 임원 회의를 진행합니다. 반장인 저는 한 해 총 6번의 회의에 참여하였는데요. 참여하면 할수록 이 민주 시민 프로젝트가 잘못되었다는 사실을 깨닫게 됩니다. 학생들의 의견을 묻고, 학교의 여러 가지 문제들에 대해 학생들이 원하는 방향으로 문제를 해결할 수 있도록 자리를 마련해주어야 하는 회의는 학교의 전달 사항이나 규칙 등을 안내하는 자리로 바뀌었기 때문입니다.

지금, 한 국가의 책임 있는 시민으로 성장할 학생들이 겪고 있는 학교의 모습은 전혀 민주적이지 않습니다. 따라서 오늘날 우리 사회는 국민의 나이나 소속에 상관없이 자유롭게 의견을 낼 수 있는 기회를 더 많이 만들어야 한다고 생각합니다. 그 기회는 학교에서 학생 회의나 토론회를 수업으로 추가하는 등의 방안이 될 수 있습니다. 우리가 서로의 의견을 나누고 사회의 다양한 문제들을 함께 해결하고자 노력할 때, 우리 사회는 더욱더 민주적으로 발전할 수 있습니다.

민주주의란 무엇이고 왜 중요한가?

최현우(16세)

'생각하는 대로 살지 않으면, 사는 대로 생각하게 된다'라는 말, 들어보셨나요? 제가 가장 좋아하는 말입니다. 저는 이 문장이 생각을 하지 않고 살면, 자신의 삶을 의지대로 살지 못하고, 그저 이미 일어난 행동을 합리화하며 옳고 그름을 판단할 수 없게 된다는 것을 말하는 문장이라고 느꼈습니다. 그래서 저는 이 문장이 민주주의를 담고 있다고 생각합니다.

국민이 국가가 시키는 것을 곧이곧대로 받아들이고 아무런 의문 없이 행동한다면 어떻게 될까요? 아마도 통치자들은 국민들을 마구 지배하려 들겠죠? 때로는 국가나 지배층에서 명령하거나 어떤 지시를 할 때, '이것이 옳은 명령인가?'라는 생각을 해야 합니다. 이런 생각을 해야 나치가 시키는 대로 유대인을 학살했던 아이히만과 같은 잘못을 저지르지 않고, 옳고 그름을 판단하여 진짜 나의 선택을 할 수 있고, 진정한 민주주의를 실현할 수 있는 힘을 가지게 됩니다.

교육은 인류의 발전에 도움이 되는가?

이원준(14세)

과연 교육이란 무엇일까요? 전 세계의 학생들은 다양한 형태로 교육을 받고 있습니다. 특히 우리나라 학생들은 과도하다 싶을 정도로 교육을 받기도 하고 학부모의 열정이 오히려 학생보다 뜨겁기도 하죠. 그런데 과연 이렇게 교육에 열중하는 와중에 우리가 '교육'이 무엇인지 제대로 알고는 있을까요?

교육이란 '사회생활에 필요한 지식과 기술을 가르치고, 인간의 잠재능력을 일깨워 훌륭한 자질, 원만한 인격을 갖도록 이끌어주는 일'이라고 사전은 정의하고 있습니다. 이 말만 봐서는 교육을 받은 모든 학생이 완벽한 인성과 지적 능력을 가진 사람으로 성장해야 한다는 것 같습니다. 그리고 이런 교육을 실천한다면 정말 그런 사람으로 성장하겠죠. 이렇게 이상적인 교육을 그대로 실천한다면, 교육은 인류의 발전에 도움이 되는 것입니다.

그렇지만 현재의 교육은 의미가 변질한 부분이 있기 때문에 다시 생각해볼 필요가 있습니다. 첫 번째, 교육은 사회생활에 필요한 지식을 학생들에게 습득하게 해준다고 쓰여 있습니다. 그런데 우리 교육과정과 시험에 나오는 내용이 사회생활에 실제로 필요할까요? 우리 사회가 빠르게 발전하고 변화하는 상황에서 의미 없는 내용이 많다고 생각합니다. 로봇이 대체할 수 있는 정보들도 너무 많고요. 그럼 이 불필요한 것들을 가르치는 이유는 무엇일까요? 저는 학생이 이 지식을 얼마나 잘 받아들일 수 있는지 보고, 학생을 평가하기 위함이라고 생각합니다. 그래서 교육이 점점 학생을 평가하는 도구로 전락한다는 느낌을 받았습니다.

두 번째, 인간의 잠재능력을 일깨워 훌륭한 자질과 인격을 갖추도록 이끈다고 하는데 사실 우리나라의 교육은 이것을 완전 반대로 실천하는 나쁜 예입니다. 우리나라 교육은 훌륭한 인격을 갖추기는커녕 좋은 성적을 위해 다른 사람들과 경쟁하는 경쟁심리를 이끌어내는 교육입니다. 학생들은 훌륭한 인성을 키울 시간도 없이 경쟁심리를 가지고 남을 이기는 목적만 생각하며 자랍니다. 이런 마음으로 사회를 살아가게 된다면, 우리 사회의 모습이 어떨지 상상이 되시나요?

사실 교육 자체의 의미로 본다면 교육은 인류에게 필요한 일입니다. 그러나 평가하고 등급을 나누기만 하는 교육을 지속한다면 인류에게 긍정적인 영향을 끼칠 거라고 차마 말하지 못하겠습니다.

살아 있다는 것은 어떤 의미인가?

최준영(16세)

살아 있다는 것은 어떤 의미를 가지는지에 대답하는 것은 어려운 일입니다. 그렇다면 반대로 이렇게 묻는 것은 어떨까요? "죽는다는 것은 어떤 의미인가?" 죽는다는 것의 의미를 안다면 살아 있다는 것의 의미 또한 추측할 수 있지 않을까요? 죽음의 사전적 의미는 생명 활동이 정지되어 다시 원상태로 돌아오지 않는 상태입니다. 더 이상 볼 수 없고, 느낄 수 없고, 생각할 수도 없다는 뜻입니다. '무(無)'로 돌아가는 것이지요.

그렇다면, 죽음 이전의 우리는 무엇이었을까요? 죽음 이후의 우리가

'무'라면, 죽음 이전의 우리는 '유', 즉, 지금 보고 느끼고 생각하는 존재입니다. 우리 삶의 본질은 그렇게 존재하는 것이 아닐까요? 물론 개인이 어떻게 존재하느냐에 따라 그 가치는 충분히 바뀔 수 있는 것입니다. 그럼에도 불구하고, 모든 사람은 동등하게 이 세상에 살아 숨 쉬며 존재하고 있고, 그걸 느낄 수도 있습니다. 마치 제가 글을 쓰고 있는 지금에도 저의 존재를 느끼고 있는 것처럼 말입니다.

더 읽어볼 책

· 『**빅토르 위고와 함께하는 여름**』, 로라 엘 마키 외 지음, 백선희 옮김, 뮤진트리, 2021
· 『**생각을 바꾸는 생각들**』, 비카스 샤 지음, 임경은 옮김, 인플루엔셜, 2021
· 『**EBS 지식채널 × 생각의 힘**』, 지식채널e 제작팀 지음, EBS BOOKS, 2021
· 『**허클베리 핀의 모험**』, 마크 트웨인 지음, 여지희 옮김, 새움, 2019

살아 있는
민주주의를
실천하기 위한
삶의 기술

"누군가는 자신의 목소리를 세상에 외치는 것이 아무 의미가 없다고 말할 수도 있습니다. 말했다가 원하는 목표를 이루지 못한 채, 자신의 상황이 더 고달파질 수도 있기 때문에 그냥 묻어두려고 하는 사람도 많습니다. 그런데 이런 태도로는 작은 문제부터 큰 부당에 이르기까지 아무것도 바꿀 수가 없습니다. 우리 생활 속의 이런 아주 작고, 사소한 것들이 모여서 큰 변화가 이루어집니다."

| 함께 읽은 책 |

『Doing Democracy』, 인디고 서원 엮음, 궁리, 2017
『**혐오 없는 삶**』, 바스티안 베르브너 지음, 이승희 옮김, 판미동, 2021

청중이 된 시민들

2022년 3월, 제20대 대통령선거가 치러집니다. 한 국가의 대표를 뽑는 중요한 결정의 순간입니다. 인디고 서원에서 공부하는 청소년에게 물어보니, 언제 우리나라가 민주주의인 것을 체감하는지에 대해 '시민들의 의견이 정책에 실제로 반영될 때'(56.9%)와 '선거철이 올 때'(27.5%)라고 답했습니다. 대부분의 경우 민주주의는 제도적인 절차와 법적인 시스템이라고 생각합니다. 선거권을 보장받고 투표하는 것, 또 자신의 의사를 표현할 자유를 갖는 것, 집회의 자유를 갖는 것처럼요. 그러나 민주주의의 실제 모습은 멈춰져 있는 법과 제도가 아닙니다. 역동적으로 움직이고, 매순간 달라지고 발전하는 것이야말로 민주주의의 진짜 모습이라고 할 수 있습니다.

그러나 청소년 대부분이 '정치'라는 단어와 친하지 않은 편입니다. 부모님이나 주변 어른들의 견해를 그대로 받아들이는 친구들도 있고, 잘 모르지만 정치에 이유 없이 부정적인 친구들이나 아예 관심이 없는 친구들도 많습니다. 정치의 중요성은커녕 정치란 무엇인지 알지 못하는 경우도 있습니다. 정치는 우리 삶의 많은 부분을 결정합니다. 거의 모든 부분이라고 해도 과언이 아닙니다. 하지만 우리는 국회의원들을 통해 만들어진 정책을 듣는 것에만 익숙합니다. 학교가 아니라도 뉴스를 통해서, 주변 사람이나 SNS를 통해 정치를 접하지만, 정작 우리 삶을 관통하는 정책들에는 민감하게 반응하지 않는 것 같습니다. 어렵거나 편협한 정보들 때문에 '정치는 안 좋은 것'이라는 편견을 갖고 점점 멀어지게 됩니다. 이렇듯 우리에게 정치는 '하는 것'이 아니라 '보는 것'에 머물러 있습니다.

삶으로서 민주주의를 실천하자

민주주의는 오직 참여와 실천으로 이루어지고 완성됩니다. 하지만 오늘날 많은 시민은 청중으로 전락하여, 현대의 민주주의를 청중 민주주의라고 표현하기도 합니다. 청중은 경기를 관람하듯이 지켜보는 집단을 말하죠. 즉, 현재 시민들이 정치를 바라보는 태도가 마치 텔레비전을 켜둔 채 밥을 먹거나 딴짓을 하는 것과 아주 비슷하다는 것입니다. 그렇다면 우리는 '시민'이라는 말에 어떤 의미가 있는지 다시 생각해볼 필요가 있습니다. 청중과 같은 태도가 곤란하다면, 시민은 어떤 태도와 행동 방식을 가져야 좋을까요? 시민의 윤리, 시민의 바람직한 행동은 나의 앞에서 어떤 사건이 벌어지고 있을 때 청중처럼 구경만 해서는 안 된다는 것을 의미합니다. 어떤 형태로든 부당한 요구나 억압, 잘못된 제도에 저항해야 한다는 것입니다.

가정에서 여러분이 목소리를 낼 수 있고, 때로는 부모님과 갈등이 생긴다면 여러분의 집은 민주적인 곳일 겁니다. 민주적인 곳은 늘 갈등이 있기 때문입니다. 우리 집엔 아무 갈등이 없고 너무 평온하다면 한 번쯤 되물어볼 필요가 있습니다. 어떤 구성원이 지나치게 억압적이거나 혹은 너무나 순종적일지도 모릅니다. 가족이라고 하더라도 각자 생각이 다르기에 끊임없이 갈등할 수밖에 없습니다. "억압이 있는 곳에 늘 저항이 있다"라는 마오쩌둥의 말은 민주주의라는 것이 자연스럽게 인간 역사에 탄생할 수밖에 없다는 걸 방증하기도 합니다.

누군가는 자신의 목소리를 세상에 외치는 것이 아무 의미가 없다고 말할 수도 있습니다. 말했다가 원하는 목표를 이루지 못한 채, 자신의 상황이 더 고달파질 수도 있기 때문에 그냥 묻어두려고 하는 사람도 많습니다. 그런데 이런 태도로는 작은 문제부터 큰 부당에 이르기까지 아무것도 바꿀 수가 없습니다. 우리 생활 속의 이런 아주 작고, 사소한 것들이 모여서 큰 변화가 이루어집니다.

중국의 탄압 때문에 해외를 떠돌고 있는 아이웨이웨이(艾未未)라는 예술가의 작품 중에는 바닥에 해바라기 씨앗을 가득 쌓아놓은 것이 있습니다. 이 작품의 의미는 무엇일까요? 우리는 작은 해바라기 씨처럼 혼자서는 아무 힘도 없고, 연약하게 존재하지만, 모이면 엄청난 규모의 힘을 가질 수 있다는 것입니다. 그래서 하나의 행동은 백만 개의 생각보다 값집니다. 하나의 행동이라도 실천하는 그 순간 내가 속한 공동체가, 사회가, 국가가 조금씩 바뀌는 것입니다.

우리는 무엇이 옳은지, 어떤 선택이 우리의 삶을 더 나아지게 할 것인지 잘 모를 때가 많습니다. 그럴수록 진실을 말하는 것과 진실을 요구하고 진실에 귀를 기울이는 것이 중요합니다. 모두 자유롭고 안전하며 의미 있는 삶을 추구하고 그런 삶을 살 권리가 있습니다.

모두에게 이로운 혁명

'모두를 위한 변화'를 위해 민주주의가 필요합니다. 민주주의는 완성된 제도나 결과가 아니라, 보다 정의로운 사회와 세계를 만들어가는 과정을 뜻합니다. 그래서 다수의 원칙에 따르되, 소수의 의견을 존중할 방법을 찾는 과정이지요. 다수에 포함되지 못한 의견을 끊임없이 살피며, 그 의견이 협상의 테이블 위에 올라올 수 있도록 하는 것이 살아 있는 민주주의입니다. '모두'라는 말은 소외되고 배제되고 빠지는 존재 없이, 모두를 생각하고 배려하고 고려한 선택을 뜻합니다. 모두를 위하지 않을 때, 시야의 결손으로 인한 부당한 결과와 피해가 결국 우리 모두에게 돌아옵니다. 지금 당장 조금 편리하려고 소비했던 것들이 공기와 물이라는 공동의 영역을 오염시키고 모든 생명을 위협하듯이 말이지요.

우리 모두의 마음에는 이 세상을 더 나은 곳으로 만들고 싶은 의지가 있고, 좀 더 안전하고 행복한 세상을 살고 싶은 욕구가 있습니다. 실제로 '2021 청소년 통계(여성가족부, 통계청)' 자료 중 '사회참여 · 의식'에 대한 결과를 보면 2020년 초 · 중 · 고등학생의 무려 87.3%가 '청소년도 사회문제나 정치 문제에 관심을 갖고 의견을 제시하는 등 사회에 참여할 필요가 있다고 생각함'에 그렇다고 답했습니다. 반면 '2020년 청소년 종합실태조사(여성가족부)'에 따르면 14세~19세 청소년들은 '청소년 관련 문제에 대해 참여하거나 의견을 제시함(교칙 제정 등)', '국가 및 지방자치단체의 청소년 정책이나 수립 과정에 참여하거나 의견을 제시함', '인터넷 의견 제시, 집회 참여, 단체 가입 등으로 사회문제에 목소리를 내고 참여함' 3가지 문항 각각 2.3%, 1.6%, 1.9%만이 적극적으로 참여한다고 답했습니다. 가끔 참여하는 비율을 더하더라도 그 비율이 전체의 15%를 넘지 않는 반면, '전혀 참여하지 않고 있다'의 항목에 그렇다고 답한 비율은 평균 50%가 넘습니다. 사회에 참여해 보다 나은 미래를 만들고 싶은 의지에 비해 실제로 참여하는 비율이 낮은 간극을 뛰어넘는 것. 그것이 바로 희망을 만드는 방법일 것입니다.

수많은 청소년의 희망과 긍정의 메시지가 있지만, 더욱더 심해지는 가난과 불평등, 전쟁과 테러, 기후위기라는 전 지구적 위기를 개인의 노력만으로 극복하기는 어렵습니다. 그렇기에 공동의 문제를 함께 풀어갈 공론의 장이 오늘날 청소년들에게 꼭 필요합니다. 문제의 근원이 무엇인지 생각하고, 어떤 미래를 함께 만들어갈 것인지, 지속가능한 삶의 양식을 토론하는 과정이야말로 위기를 극복하는 중요한 실천입니다.

청소년들의 기후 대응 운동을 이끌고 있는 그레타 툰베리는 2021년 9월 28일 이탈리아에서 열린 청소년 기후정상회의에서 "우리는 더 이상 힘 있는 사람들이 정치적으로 가능하거나 안 된다고 결정하도록 놔둘 수 없습니다. 희망은 수동적인 것이 아니고, 웅얼거림이 아닙니다. 희망은 진실을 말하고, 행동을 취하는 사람들에게서 나오는 것입니다"라고 말했습니다. 새로운 시대를 열어갈 청소년들이 위기를 두려워하지 않고 맞서 희망을 실천할 수 있어야 합니다. 공감과 연대를 통해 정의롭고 평화로운 사회를 만드는 일은 지금 우리에게 가장 중요한 목표입니다.

토론
좋은 삶을 만드는 진짜 '공정'

2021년 6월 26일, 대한민국 최고의 대학이라고 불리는 서울대학교에서 기숙사 청소를 담당하는 노동자 한 분이 과중한 업무와 스트레스로 사망하는 사건이 발생했습니다. 이 비극적인 죽음을 계기로 그동안 청소노동자를 대하던 불합리한 태도, 소위 '갑질'의 실태가 폭로되었습니다.

청소년들은 이 소식에 큰 충격을 받았습니다. 모두가 선망하던 대학에서 이런 일이 벌어졌다는 것도 그렇지만, 사실 이 문제가 서울대학교만의 문제가 아니라 우리 사회 전반에 일어나고 있는 많은 노동자 사고의 연장이라는 생각이 들었고, 이는 사회에서 살아가는 많은 구성원의 잘못된 인식과 태도 때문이 아닐까 하는 의심이 들었기 때문입니다.

육체노동자를 무시하게 만들고, 사람들 사이에 '급'을 나누고 차별하게 하는 '어떤 합의'에 대해 이야기 나누어 보았습니다. '누구나 노력하면 성공할 수 있고, 그 성공의 결과에 따라 보상받는다'라는 능력주의는 겉보기엔 평등하고 효율적인 것 같지만 그 안에 너무 많은 부작용과 문제점을 갖고 있다는 사실을 알 수 있었습니다. 우리의 논의를 함께 보시며, 여러분은 이 문제에 대해 어떻게 생각하는지 의견을 나눠보시길 바랍니다.

진짜 문제는 우리 안의 혐오와 차별 ─────────

상원 | 2021년 6월 26일 서울대학교의 기숙사 청소노동자 한 분이 과중한 업무와 갑질로 인한 스트레스에 시달리다 돌아가셨습니다. 현재 공공부문 비정규직의 정규직 전환 정책에 따라 서울대학교 기숙사 청소노동자의 법적 지위는 이전에 비해 상당 부분 개선된 상황입니다. 정년이 보장된 직접고용 계약을 맺고, 노동조합 활동을 하며 노동조건 개선을 요청할 수 있지요. 그러나 그런 법정 조건이 노동자의 삶을 실제로 바꿀 수는 없다는 게 이번의 충격적인 뉴스를 통해 드러난 것 같습니다. 단순히 법적으로 조건을 향상시키는 것이 아니라 우리 사회에 또 어떤 개선이 필요할지 이야기 나눠보고 싶습니다.

재경 | 저는 이 사건이 우리나라 최고의 지성이 모인다는 서울대학교에서 일어났기 때문에 더 충격이었어요. 우리 학생들은 명문대학을 가기 위해 죽도록 노력하잖아요. 서울대학교는 그중에서도 손꼽히는 그야말로 꿈의 대학인데, 청소노동자에게는 최악의 학교로 꼽힌다고 하니까요.

그런데 이건 서울대학교뿐만이 아닌 사회 곳곳에서 공통으로 나타나는 문제 같습니다. 같은 장소에서, 같은 사람들이 있는데 상대를 급을 나누고 다르게 대하는 거죠. 사람들은 몇몇 직업, 특히 육체노동과 관련한 직업을 대수롭지 않게 생각해요. 직업에 층을 나누고, 의사같이 모두가 선망하는 직업을 대우하고 육체노동자는 깔봅니다. 그러면서 이런 걸 당연하게 여겨요.

하진 | 네, 관련해서 함께 보고 싶은 기사가 있습니다.

사건 이후 드러난 사실을 보면, 한국사회 전반이 그렇듯 서울대에도 청소노동자를 독립적 인격체로 보지 않고 그들이 받은 모욕을 가볍게 여기는 차별적 시선이 있다. B씨의 행위는 이같은 구조와 분위기 속에서 이뤄졌다. 서울대에서는 '청소노동자에게 그렇게 해도 되니 했다'고 볼 수 있다는 이야기다. (…) 서울대 일부 관계자들은 의식의 저울 속에서 청소노동자의 모욕은 가벼운 것으로, 관리자의 의도는 무거운 것으로 취급했다. 백보 양보해 그들이 말하는 관리자의 의도를 인정한다고 해도 필기시험 등의 조치에 대해 의도와 달리 청소노동자가 모욕감을 느낄 수 있다는 점도 무시됐다. 만약, 교수에게 '시험과 점수 공개', '회의시간 드레스코드 지정 뒤 복장에 대해 감점 발언'과 같은 일이 일어났다면 어땠을까. 업무 강도가 강화된 뒤 심근경색으로 사망한 교수가 나오고 갑질 의혹이 제기돼 교수노조가 이를 공론화했어도 하루만에 같은 말을 꺼낼 수 있었을까. 어째서 대학 청소노동자는 대학에서 다른 구성원과 동등한 대접을 받는 사람이 될 수 없는 것일까.
— 최용락, 《프레시안》, 「청소노동자 '모욕감'보다 관리자 '의도' 무겁게 여기는 '서울대 사람들'」(2021.7.22.) 중에서

우리는 직업에 귀천이 없다고 배웁니다. 모두가 사회에서 꼭 필요한 일을 자신의 위치에서 열심히 하는 것이라고요. 그런데 청소노동자는 함부로 대하고 갑질하고 인격적으로 대우하지 않는 모습이 정말 화가 났습니다. 이번 일을 통해 청소노동자가 어떤 환경에서 어떻게 일을 하는지 처음 알게 된 것 같습니다. 사실 이렇게 그분들이 하는 필수적인 작업이 세상에 보이지 않고, 숨겨지는 것부터가 차별이라고 생각했습니다. 사람들이 잘 모르고, 잊고, 넘어가 버리기 쉬울 테니까요.

서울대학교만의 문제가 아니라는 말에도 동감합니다. 음식쓰레기를 처리하던 환경미화원이 사고로 사망하고 지하철 스크린 도어를 정비하던 청년이 지하철에 치여 목숨을 잃은 일이 불과 얼마 전에 있었습니다. 이분들이 일하는 환경에 조금만 더 신경을 썼더라면 소중한 목숨을 잃지는 않았을 것입니다. 이런 분들의 열악한 노동조건, 환경 등이 개선되지 않는 이유는 이분들의 노동과 생명의 무게를 쉽게 보는 우리 안의 혐오와 차별 때문이라고 생각합니다.

우리 교육은 공정함을 가르치고 있을까?

원준 | 청소노동자에게 과도한 일을 시키고 모욕감을 주기도 한 직원, 이런 일이 벌어졌는데도 공식적으로 사과하지 않겠다고 밝힌 관계자, 그 개인들은 무슨 생각으로 그랬을까 궁금합니다. 자신은 정규직, 사무직이

고 저 사람은 계약직, 청소업무라는 것이 '그래도 된다'는 마음을 먹게 했을까요? 어떤 과정이었든 직업으로 사람을 분류했다는 것은 분명합니다.

우리는 우습게도 그 사람의 가치와 중요도를 연봉으로 파악하고, 평가하곤 합니다. 저는 그게 옳지 않다고 생각합니다. 돈에는 모든 업무 과정이, 업무의 결과로 인한 타인의 쾌적함과 만족도 같은 게 보이지 않기 때문입니다.

그런데 이렇게 결과만 보고 모든 걸 평가하려는 태도는 사실 학교에서부터 학습된 것 같습니다. 학생 때는 시험의 성적만 보지 학생이 시험을 치기 위해 어떻게 준비를 했는지, 얼마나 노력했는지는 보지 않습니다. 그렇게 직장인이 되면 마찬가지로 일의 결과, 성과만으로 평가받지요. 왜 우리 사회는 사람들을 과정이 아닌 결과로만 평가하는 것일까요? 그러면서도 이게 옳다는 굳은 믿음을 갖게 된 걸까요?

재영 | 지금의 교육은 오히려 혐오와 차별을 만들어내고 있습니다. 오직 경쟁만을 중심으로, 출신 학교와 성적, 수능의 결과로만 평가됩니다. 경쟁은 학생들 간의 격차를 만들어 구분을 짓고 차별을 하도록 부추깁니다.

각 학교의 이름은 그 사람을 평가하는 데 쓰이며 어떤 지역, 어떤 학교 출신이라고 하면 안 좋은 곳에서 왔다는 식으로 차별과 혐오를 만들어 냅니다. 성적은 학생의 성격, 생활, 환경을 고려하지 않은 채로 '숫자'로만 학생들을 나타냅니다. 또 이러한 '숫자'들은 부자인 부모 밑에서는 더 높게, 가난한 부모 밑에서는 더 낮게 나타나는 경향이 있습니다. 성적은 학생 스스로 만든 것이 아닌 사교육을 얼마나 받았는지를 보여주는 경우가 많습니다.

학교에서 가르치는 교육의 내용이 아무리 좋더라도 이렇게 평가하여 학생 스스로 그 평가에 맞추도록 애쓰고, 무의식적인 습관을 갖게 되면 점수와 결과로 다른 사람을 분류하고 혐오와 차별이 내면화될 것입니다. 이렇게 학습된 인식 때문에 직업의 귀천을 나누게 되고 공부를 잘했기 때문에 남에게 함부로 대하거나, 돈을 잘 벌기 때문에 남에게 모욕을 주는 등 인격을 무시하는 일이 생기는 것입니다.

재경 | 사실 임금에서는 차이가 날 수도 있다고 생각합니다. 하지만 인권과 같은 인간의 고유한 가치와 권리에서는 어떤 결과를 냈든, 어떤 능력을 가지고 있든 모두 평등하게 부여받은 것이고, 같은 무게를 가진 것입니다. 직업에 의해, 연봉에 의해, 성적에 의해 이 무게가 나뉜다는 것은 정말 말도 안 되는 소리입니다. 성적을 잘 받고, 공부를 잘하면 그럴 권리가 생기는 것처럼 착각하지만, 그 누구도 다른 사람의 권리와 존엄을 함부로 결정할 자격이 없습니다.

하진 | 사람이 돈보다 우선시되어야 하는데, 아직도 돈을 사람 목숨보다 중요하게 생각하기 때문인 것 같습니다. 아무리 사회적으로 그런 인식이 있다고 하더라도 교육을 통해서 자라나는 청소년에게는 직업의 고정관념을 버리고 모두가 다 소중한 직업이라는 인식을 알려주어야 하는

데, 사실 교실에서부터 선생님이 차별적인 발언을 많이 하십니다. 또 교육과 평가의 방식도 학생들의 인권을 평등하게 여기거나 중요하게 여기지 않고 있습니다. 학생들의 인권부터 존중하고 공정하게 아이들을 대하는 것이 우리나라 교육의 목표가 되어야 한다고 생각합니다.

해진 | 사람은 그 자체로 존엄하고 존귀합니다. 하지만 우리 사회의 공정은 시험으로 요약되어 시험을 잘 치러낸 사람만이 가치 있는 사회적 구성원으로 존중받습니다. 가히 1등 시민과 2등 시민으로 나뉜다고까지 말을 해도 모자라지 않을 것입니다.

사람의 가치에 등급을 매기는 것은 그 어떤 것이라도 잘못되었습니다. 학교는, 공부는, 배움은 우리 사회의 차별과 혐오를 막아서고 뛰어넘을 수 있는 다리가 되어야 합니다. 그것이 바로 공부의 목적이고, 좋은 삶의 가닥 중 하나일 것입니다. 하지만 능력주의 사회는 배우면 배울수록 차별과 혐오를 만들어내고 있습니다. 능력주의가 틀린 지점은 바로 이 지점이라고 생각합니다.

능력주의가 공정하다는 착각

윤영 | 우리 사회는 사람의 능력으로 사람의 가치를 판단합니다. 우리 사회에 깊게 깔린 능력주의는 사람이 사람 자체로 귀하게 대접받지 못하

게 만듭니다. 인간은 그 자체로 존엄하고 고귀한데, 이제는 자신의 가치를 세상에 증명해야 하는 시대가 되어버렸습니다. 사회가 만들어둔 이상한 틀에 자신을 맞춰놓고, 진정한 나 자신은 없어진 채 나는 이 틀에 올라왔다고 안도하며 다른 사람들을 무시하는 사회가 되었습니다. 학생 때는 성적, 어른이 돼서는 실적으로 서로를 평가하며 무시하는 것이 점점 더 당연해지고 있습니다.

그러나 능력으로 사람을 평가할 때, 우리는 사람을 공정하게 평가할 수 없습니다. 우리가 평가하는 능력의 항목들은 모든 사람에게 내재되어 있는 다양한 잠재력을 충분히 반영할 만한 항목들이 아닙니다. 또 모두에게 같은 환경이 주어지는 것도 아니기에, 우리는 노력한 만큼 보상을 받을 수 없습니다. 이처럼 능력주의는 완벽하지 않습니다.

우리는 계속해서 직업의 귀천을 나누었고, 그동안 많은 사람의 능력과 노력은 과소평가되었습니다. 청소, 분리배출과 같은 일은 지금까지 우리 사회에서 천하게 여겨졌던 일입니다. 그러나, 어렵고 힘든 노동은 절대로 하찮은 노동이 아닙니다. 우리 사회가 유지될 수 있는 필수적이고 너무나 가치 있는 노동이며, 그렇기에 더 처우가 개선되어야 할 노동입니다.

우리는 학교에서 '모든 인간은 존엄성을 가지고 있다'고 교육받았고, 모두 인권의 뜻을 압니다. 그러나 지금의 사회가 하는 일만으로 사람을 무시하고 차별하는 모습을 보여주고 있다는 것은 우리의 교육과 사고방식이 잘못되었다는 것을 뜻합니다. 청소노동자의 죽음은 우리 사회가 그동안 많은 사람을 무시하고 특정 직업군을 천하다고 여기며 인간의 기본적인 인권조차 존중하지 않았다는 사실을 대변하는 사건입니다. 우리가 그 어떠한 조건으로도 평가하지 않고 사람을 보기 시작할 때 우리는 잘못된 사회의 문제를 해결할 수 있습니다.

상원 | 우리가 모두 같은 환경에서 경쟁하지 않는다는 말이 중요하다고 생각합니다. 내가 노력해서 내가 이뤘다고 생각하기 쉽지만 사실 삶을 유지하기 위해서 우리는 얼마나 많은 타인의 도움이 필요할까요? 이 질문에 노동에 대한 돈을 주었다는 것만으로 답할 수 없습니다. 이 질문은 우리가 어울려서 사회를 이루며 살아가는 근본적인 이유에 대한 질문입니다. 내가 성취하는 과정에서 수많은 사회적 합의와 협동의 영향을 받았듯 나의 결과와 성과가 다른 사람과 이 세상에 이로울 수 있기를 바라고 또 그렇게 노력해야 하는 것이 당연합니다.

원준 | 이렇게 결과만 보는 사회를 바꾸기 위해서는 결과가 전부가 아니라는 생각을 가지고 겉만 좋아 보이는 결과를 만들기 위해 노력하기보다 결과와 상관없이, 무엇이든 열심히 성실히 하면 인정받는 문화도 필요하다고 봅니다. 그런데 이런 습관을 한 번에 터득하기가 쉽지 않으니까 어릴 때부터 시험으로 모든 인생이 결정 나고 끝장인 것처럼 분위기를 만들지 말고, 아이들을 협박하지 않으면 좋겠습니다. 그리고 그게 공부가 아니라 무엇이든지 아이들이 원하는 것을 오랫동안 집중해서 꾸준히 할 수 있도록 지지하고 응원해주면 좋겠습니다. 그렇게 한다면 어릴

때부터 성실하게 임하는 자세가 몸에 밸 것이고 과정의 중요성을 아는 사람으로 커서 타인을 대할 때도 스펙이 아니라 그 사람 자체를 볼 수 있고, 우리 사회를 바꿀 것이라고 생각합니다.

좋은 삶은 어떻게 가능할까?

해진 | 왜 공부하는지에 대해 물어보면 답은 늘 '좋은 삶'에서 크게 벗어나지 않습니다. 우리는 막연히 '좋은 삶'이라는 말에 갇혀 생각하기를, 질문하기를 멈춰왔습니다. 하지만 이제는 현실의 질문 앞에 마주 서야 합니다. 우리 사회에서 좋은 삶의 양식이라고 말해지는 것들은 과연 무엇인가요? 그것들은 과연 누구에게 좋은 것인가요?

그야말로 공정의 시대입니다. 사회의 화두에 공정이라는 단어가 빠짐없이 등장합니다. 하지만 공정은 노력한 만큼 대우받는 것이라는 개인의 이득에서 한 치를 벗어나지 못하고 있다는 생각이 듭니다. 물론 노력한 만큼의 결과는 중요할 것입니다. 하지만 그 결과로 사람을 차별하는 것에는 반대합니다.

며칠 전 고인의 남편분께서 인터뷰하신 내용을 보았습니다. 고인은 IMF 전에 기자셨고, 해외에 오랫동안 체류하며 봉사하는 삶을 살아왔다고 하셨습니다. 이러한 개인의 삶의 이야기는 '청소노동자'라는 단어 안에 담겨 있지 않습니다. 노력한 만큼의 능력대로 인정받고 살아간다는 능력주의의 망령은 사람과 사람이 만날 때에 일정한 틀로 사람을 마음대로 판단하고, 그 이상의 삶의 이야기는 궁금해하지 않는 사회를 만들었습니다.

우리는 그 이유로 '나의 삶조차 너무 힘들기 때문'이라고 종종 불평합니다. 나의 노력에 비해 경제적 여유를 누리기 어렵고, 그런 결과가 억울하게 느껴진다는 것입니다. "너만 힘드냐, 나는 더 힘들다, 심지어 더 좋은 대학도 나오고, 시험에 합격해서 일을 하고 있는 나도 이만큼이나 힘들다" 하는 식의 누가 더 힘이 드느냐, 누가 더 고생했느냐, 누가 더 억울하냐의 논쟁은 서로에 대한 관심 부족, 공감 부족으로 나타나는 현상이겠지요. 이런 소모적 논쟁은 우리 사회의 긍정적인 발전을 저해하고 혐오와 차별만을 심화시킬 뿐입니다.

상원 | 결과로, 능력만으로 타인을 평가하려 한다면, 그런 평가 기준에서 나 자신 역시 자유로울 수 없다는 사실을 알아야 합니다. 노력해서 다른 사람을 누르고 경쟁에서 이기고 승리자가 된다고 해서 평가와 성과에서 벗어날 수 있는 게 아니라 오히려 더 강력하게 속박된다는 사실을요. 남을 판단하는 만큼 학생 때는 성적으로, 성인이 되어서는 돈으로 자기 스스로에게 엄격한 잣대를 들이대게 될 것입니다.

무엇보다 이렇게 함께 살아가는 노동자들이 반복적으로 죽어가는 사회에서 홀로 좋은 삶을 산다는 것은 불가능합니다. 우리의 삶은 언제나 다른 누군가의 노력과 삶에 빚진 것이기 때문입니다. 능력주의가 주는 압박과 편견, 혐오와 차별을 깨고, 조건과 자격에서 벗어나 모두의 좋은 삶을 고민하는 자세만이 나 자신과 더불어 우리 모두에게 좋은 삶을 가능하게 할 것입니다.

┌ **더 읽어볼 책** ┐

- · 『**거리 민주주의**』, 스티브 크로셔 지음, 문혜림 옮김, 산지니, 2017
- · 『**내 삶을 위한 정치**』, 박선민 지음, 휴머니스트, 2021
- · 『**도덕적 시민의 눈으로 세상 읽기**』, 전국도덕교사모임 지음, 해냄에듀, 2021
- · 『**폭력에 반대합니다**』, 아스트리드 린드그렌 지음, 이유진 옮김, 위고, 2021

공생을 위한
생태적 상상력

"기후위기의 시대에 가장 중요한 것은 바로 상상력이라고 했
습니다. 상상력을 바탕으로 펼쳐지는 세계를 활자로 옮긴 것이
바로 '문학'입니다. 그래서 문학은 위기의 시대 인간이 가장 중
요하게 생각해야 할 무기이지요. 자연이 금지된 회색 도시에서
인간이 과연 살아갈 수 있을까요? 이 질문에서 시작하는 한 편
의 소설이 있습니다. 『리와일드』라는 작품입니다."

| 함께 읽은 책 |

『리와일드』, 니콜라 펜폴드 지음, 조남주 옮김, 나무를심는사람들, 2020
『더 나은 세상을 위한 레시피』, 브누아 브랭제 지음, 지은희 옮김, 착한책가게, 2021

기후위기의 시대를 살아가다 ──────────

　우리는 기후와 환경의 변화가 심각한 수준으로 일어나는 시기를 살아가고 있기 때문에 생태라는 말이 그 어느 때보다 중요해졌습니다. 현대 사회의 공업화, 산업화 이후에 봉착한 생태 위기를 해결하기 위해 생태주의(Ecologism)라는 말도 등장했습니다. 문학에서도 이러한 움직임이 일어났습니다. 인간과 사회와 자연의 관계에 대해 근본적으로 성찰하고 비판하는 생태 문학이 등장했습니다.

　미국 해양대기청에 따르면 2021년 7월은 지구 역사상 가장 더운 달이었습니다. 매년 이상기후 현상이 증가하고 있습니다. 과학이 예견하지 못하는 수준으로 말이지요. 2021년 8월 26일에는 허리케인 아이다가 있었습니다. 발생지였던 카리브 해안에 인접한 베네수엘라, 콜롬비아, 자메이카, 쿠바, 미국 등에 상당한 피해를 줬습니다. 주목할 점은 이러한 허리케인이 강력한 피해를 준 것이 이번이 처음이 아니라는 점입니다. 2005년 8월 23일 멕시코만에서 형성된 허리케인 카트리나는 미국에 들이닥쳐 1,836명이 사망하는 피해를 만들어냈습니다. 이 이후로 미국은 허리케인에 철저히 대비했음에도 2021년에 다시 발생한 허리케인 아이다로 115명이 사망하는 등 피해를 본 것입니다. 허리케인은 매년 더욱 강력해지고 있습니다. 그런데도 우리는 희망을 잃지 않고 기후위기에 대처해야만 합니다. 미국의 작가 레베카 솔닛은 허리케인 카트리나 이후에 어떻게 정치적인 공동체를 재건했는지에 대한 이야기를 『이 폐허를 응시하라』

라는 책으로 썼습니다. 그녀는 영국의 신문《더 가디언(The Guardian)》에서 생태적인 희망을 잃지 않고 기후위기에 대처하는 10가지 방법에 대해 말했습니다.

1. 사실을 공감하기
2. 현 상태를 파악하기
3. 개인주의를 넘어 좋은 사람들을 찾기
4. 미래를 구체적으로 그리기
5. 간접적 인과관계를 살펴보기
6. 초강력 상상력 가지기
7. 거짓된 정보에 속지 않기
8. 역사를 통해 배우기
9. 자연으로부터 지혜를 터득하기
10. 아름다움을 잊지 말기

먼저 지구 곳곳에 일어나고 있는 기후위기에 대한 정보가 여러분 마음에 와닿아야 합니다. 기후위기로 인한 피해 수치를 보거나 소식을 접할 때 나의 일로 느끼고 공감하는 태도가 필요합니다. 그리고 현 상태를 명확히 파악하고, 파악한 것을 좋은 사람들과 함께 고민하고 미래를 그려야 합니다. 간접적 인과관계를 살펴보는 것은, 예를 들어, 내가 먹는 것이 어떤 과정을 거쳤는지, 그 과정에서 파괴되고 희생된 것은 어떤 것인지 살펴보는 것입니다.

열 가지 방법 중에 가장 중요한 것은 바로 열 번째, '아름다움을 잊지 말기'입니다. 레베카 솔닛은 기후위기 속에서도 아름다운 감수성을 잃지 않기를 바란다고 말합니다. 이것은 생태 문학이 담고 있는 생태적 상상력과 연결됩니다. 생명과 자연의 경이로움과 아름다움을 끝없이 상상하고 나의 생태적 감각을 깨운다면 우리는 기후위기라는 절망적인 상황에서도 희망을 잃지 않을 수 있습니다.

> "우리는 이제 우리가 사는 지구가 얼마나 아름답고, 풍요롭고, 조화로운지에 대해 이야기하기 시작해야 합니다. 지구의 아름다움을 신성한 자산으로 여긴다면 꽃들이 피어나고, 새로운 생명이 태어날 것입니다. 그리고 그 존재들은 눈부시게 아름다울 것입니다."
> ― 레베카 솔닛

다시 야생으로, 다시 문학으로

기후위기의 시대에 가장 중요한 것은 바로 상상력이라고 했습니다. 상상력을 바탕으로 펼쳐지는 세계를 활자로 옮긴 것이 바로 '문학'입니다. 그래서 문학은 위기의 시대 인간이 가장 중요하게 생각해야 할 무기이지요.

자연이 금지된 회색 도시에서 인간이 과연 살아갈 수 있을까요? 이 질문에서 시작하는 한 편의 소설이 있습니다. 『리와일드』라는 작품입니다.

이 소설은 파란 하늘의 아름다움을 지켜내고 야생의 동식물과 평화롭게 공존하는 삶을 선택하기 위한 두 주인공, 주니퍼와 베어의 모험을 담고 있습니다.

리와일드(Rewild)는 지구를 살리기 위해 자연 생태계를 넓게 복원하자는 뜻으로, 리와일드를 실천하기 위해 행동하는 사람들을 책에서는 '리와일더'라고 부릅니다. 리와일더는 자연을 끝없이 파괴하는 인간에게 경고하고자 도심에 진드기를 매개로 한 바이러스를 번지게 합니다. 그런데 바이러스의 변이가 심해 치료가 불가능해지자, 사람들은 도시를 완전히 봉쇄하고 자연과 차단되어 살아갑니다. 야생에서 태어났지만 병에 대한 위험으로 어쩔 수 없이 도심에서 살고 있는 주인공 주니퍼와 베어 남매는 야생에 대한 기억을 잊지 않고 되돌아가려는 여정을 시작합니다. 여덟 살 난 베어는 누나 주니퍼에게 이렇게 묻습니다.

"야생이냐 사람이냐, 하는 거였지?"
"아니, 야생이냐 다 사라질 거냐, 였지."
— 니콜라 펜폴드, 『리와일드』, 271쪽, 나무를심는사람들

폐허로 변한 도시를 내려다보며, 베어의 질문에 주니퍼는 냉혹한 진실로 답합니다. 야생과 사람 둘 중 하나를 선택하는 것이 아니라, 야생이 무너지면 모두 다 사라진다는 것을 말이죠.

남매가 처한 상황이 코로나19로 분리된 오늘날 우리와 비슷합니다. 소

설 속 주인공들은 어떻게 전염병의 공포를 이겨냈는지, 절망의 시대에 어떻게 희망을 가질 수 있을지 여러분도 소설을 읽으며 생각해보세요.

애니 로즈는 부엌 벽을 따라 서 있는 책장으로 손을 뻗더니 책 제목들을 죽 읊어 줬다. 모두 어릴 적 잠자리에서 듣던 이야기들이다. 학교에서는 절대 들을 수 없는 이상한 이야기들. 『야생화와 식용 식물들』, 『별을 보며 항해하기』, 『천연 응급 처치법』, 또 끝없이 광대한 숲이 나오는 동화도 있었다. 『잠자는 숲속의 미녀』, 『빨간 망토』, 『헨젤과 그레텔』.

그중에는 애니 로즈가 어린 시절부터 간직해 온 책도 있었고, 엠포리엄의 외진 구석 먼지 쌓인 선반에 놓여 있던 책도 있었다. 어쩌면 좋은 책을 다시 펄프로 되돌리는 걸 바라지 않는 사람들이 우리 말고 더 있는지도 모르겠다.

나는 고개를 저었다. "그 책들은 읽은 지 너무 오래됐어요." 자신 없는 목소리로 말했지만 애니 로즈는 물러서지 않았다. "네가 어렸을 때 읽은 책은 너의 일부가 되는 거야. 베어도 도와줄 테고, 걔는 그쪽으로 재주가 많으니까."

— 니콜라 펜폴드, 『리와일드』, 78쪽, 나무를심는사람들

『리와일드』 속에서 주니퍼와 베어는 도시의 삶에 길들지 않고, 도시의 독재자 포르샤 스틸의 통제에 굴복하지 않으며 야생의 삶을 찾아 모험을 떠납니다. 야생으로의 여정에서 남매는 여러 위험을 맞닥뜨리게 되지만

할머니 애니 로즈가 들려주었던 이야기 속 주인공들을 떠올리며 용기를 얻고 위험을 헤쳐나갔습니다. 그리고 마침내 그들이 찾던 야생에 다다를 수 있었죠. 인용구에도 나왔듯, 우리가 읽은 책은 우리의 일부가 됩니다. 여러분도 이야기의 힘을 믿나요? 여러분이 생각하는 이야기가 가진 힘은 무엇인가요?

문학적 상상력이 필요한 시대

『리와일드』에는 주인공인 주니퍼와 베어의 탈출을 도와주는 에티엔이라는 인물이 있습니다. 에티엔은 도시에 사는 다른 사람들과 달리 주니퍼 남매에게 공감하고 남매의 탈출을 도왔습니다. 자연에 관한 책이 금지된 상황에서 주니퍼 덕분에 『비밀의 화원』을 읽게 되었고 한 번도 경험하지 못한 자연을 상상할 수 있었기 때문입니다. 이렇게 문학은 우리에게 공감을 통해 새로운 세상을 상상하게 하고 그 상상을 실현할 힘을 줍니다. 전염병이 온 세계에 퍼지고, 그로 인한 불평등이 극명히 드러나고, 환경파괴로 인한 기후위기가 심각한 지금이야말로 고통받는 존재들에 대한 공감과 새로운 세계를 상상할 힘이 더욱더 필요한 때입니다. 그래서 인디고 서원에서는 2021년 5월 23일, 제112회 주제와 변주에 이 책의 저자 니콜라 펜폴드 선생님을 온라인으로 초대하여 지금 우리에게 필요한 상상력은 무엇인지 질문해보았습니다.

인디고 | 에티엔은 도시에서 태어나고 자랐지만 『비밀의 화원』을 읽고 자연을 사랑하게 되는 인물입니다. 오늘날 학생들은 양질의 정보를 많이 누리고 있는데도 불구하고 왜 에티엔처럼 자연을 사랑하지 못하고, 자연과 함께 공존하는 세상을 상상하지 못하는 것일까요?

니콜라 | 우리 모두 자연 속에서 관계를 맺고 상상력을 발휘하는 경험은 분명히 삶의 어떤 순간에 반드시 있을 것이라고 생각합니다. 기후위기 문제, 생물종 다양성 감소에 대한 이야기나 우리가 경험하고 있는 많은 문제가 실제로 불안과 고통을 초래하기도 합니다. 그리고 동시에 불안감을 느끼지 않기 위해서 많은 사람이 스스로 생각하기를 멈춥니다.

그럼에도 불구하고 자신이나 주변에 있는 친구들을 과소평가하지 마십시오. 다양한 책을 읽고 그것을 공유하고자 하는 노력이 중요합니다. 그러한 노력을 통해 새로운 관점으로 자연을 보고, 새로운 상상력을 가지고 자연을 대할 수 있게 될 것입니다. 그러니 절대 포기하지 않기를 부탁드리고 싶습니다. 그리고 삶의 어떤 시기를 거치면 분명히 자연과의 관계와 상상력을 회복할 수 있는 시기가 있을 거라는 믿음을 가지는 것도 필요합니다.

인디고 | 『리와일드』의 주인공들은 어릴 적 읽었던 소설을 통해 어려운 상황을 헤쳐나갔습니다. 선생님은 이야기에 어떤 힘이 있다고 생각하시나요? 이야기가 인류와 자연에 대한 사랑의 마음을 불러일으킬 수 있다

고 믿으시나요?

니콜라 | 그렇습니다. 소설에서 할머니인 애니 로즈는 주니퍼에게 어릴 적 잠자기 전 듣던 이야기들이 주니퍼의 일부가 될 거라 말했고, 실제로 『비밀의 화원』 같은 이야기는 주니퍼와 베어가 자신들이 처한 어려운 상황을 헤쳐나가는 힘이 되어 주었습니다.

제가 생각하는 이야기의 힘은 두 가지입니다. 첫 번째로 우리의 공감 능력을 키워줄 수 있습니다. 두 번째는 우리가 새로운 세계를 상상할 수 있는 힘을 주죠. 그리고 그 세계를 만들 수 있도록 도와줍니다. 소설 속에서뿐만 아니라 현실에서도 저는 이야기가 가진 힘을 믿습니다. 여러분도 여러분의 마음속에 가득한 이야기의 힘을 꼭 믿기를 바랍니다.

인디고 | 한국에서 대부분의 학생들은 학교 공부를 정말 열심히 해야 합니다. 일상에서 자연을 느낄 여유가 없는 학생들에게 전하고 싶은 말이 있을까요?

니콜라 | 이렇게 먼 한국에서 제 책을 읽고 초대해주어서 정말 감사합니다. 사실 많은 청소년이 기후위기, 쓰레기 문제 등 언제 무너질지 모르는 위태로운 환경에서 공부하고, 살고 있다고 생각합니다. 하지만 우리에게 밝은 미래는 있습니다. 그 밝은 미래는 제 책에 나오는 리와일드보다 자연에 훨씬 가까이 사는 삶이라고 생각하고 충분히 가능하다고 생각합

니다.

그래서 늘 희망을 잃지 않기를 바랍니다. 그리고 자연을 충분히 즐기고 가까이하는 삶을 사셨으면 합니다. 여러분이 바쁘고 힘겨운 삶을 살고 있는 것을 압니다. 그럼에도 불구하고 자연에서 보내는 시간을 늘리는 선택을 한다면 여러분의 삶은 훨씬 더 풍요롭고 행복한 삶이 될 것입니다.

토론
더 나은 세상을 위한
먹거리 혁명

영화 〈더 나은 세상을 위한 레시피〉를 만든 영화감독 브누아 브랭제는 아들이 처음으로 자연과 만나는 순간을 보고는 자연이 얼마나 특별하면서도 무너지기 쉬운 것인지를 깨달았다고 합니다. 감독은 아들을 위해 어떻게 지구를 지킬 수 있을지 고민하다가 우리가 할 수 있는 가장 강력한 방법이 바로 먹거리를 바꾸는 것이라고 생각했습니다. 친환경적인 먹거리를 선택하는 것은 마음만 먹으면 누구나 할 수 있는 실천입니다. 식단을 바꾸는 것만으로도 지구 환경을 보호할 수 있다니 희망적이지요?

영화와 같은 제목의 책도 출간되었는데요. 책에는 영화에 미처 소개하지 못한 과정이 더 깊게 소개되어 있습니다. 감독이 만난 사람들은 쓰레기를 줄이고, 공장에서 물건을 만들어내듯이 가축을 키우던 방식을 완전히 바꾸었습니다. 불편하지만 화학비료를 사용하는 대신 자연 친화적인 방법으로 농사를 짓고, 화석연료의 사용을 줄인 만큼 재생에너지를 이용합니다. 영화와 책에서는 특히 급식에 주목합니다. 프랑스, 스웨덴, 브라질에서는 이미 친환경 급식을 하고 있습니다. 어린이와 청소년이 식물성 단백질로 만든 급식을 즐기는 것 자체만으로도 기후위기에 대응하고 21세기에 지구 평균 온도가 2℃ 이상 상승하지 않도록 하는 데 기여할 수

WITH

JANE GOODALL   ALAIN DUCASSE   JOHAN ROCKSTRÖM

FOOD FOR
CHANGE

DIRECTED BY
BENOIT BRINGER

A PRODUCTION PREMIÈRES LIGNES WITH THE PARTICIPATION OF FRANCE TÉLÉVISIONS
SUPPORTED BY CNC FROM AN IDEA OF ANTOINE GUERRE AND BENOIT BRINGER
EDITOR NILS MONTEL PHOTOGRAPHY PIERRE TAILLEZ AND MATHIEU MONDOULET
MUSIC NICOLAS NEIDHARDT

〈더 나은 세상을 위한 레시피〉 포스터

있습니다. 자연스럽게 채식에 대한 생각도 바뀌게 되니, 급식 자체가 곧 생태교육이 될 수 있습니다.

"유기농이 아닌 음식을 먹으면, 흙을 오염시켜요. 오염은 자연에 나쁜 것을 넣는 거예요. 나쁜 것을 많이 넣으면 오존층이 파괴돼서 너무 더워지고, 사람이 못 살 거예요. 오염시키는 건 좋지 않아요. 지구가 죽을 거예요. 왜냐면 나무와 식물이 다 죽고 숨을 쉴 수 없어서 우리도 죽을 거예요. 유기농으로 재배된 재료로 만든 음식을 먹으면 흙을 오염시키지 않아요. 벌레들이 행복해야 우리도 행복해요. 우린 농약을 먹지 않고 동물도 죽지 않을 거예요.

우린 우리의 건강과 마음을 보살펴요. 공기도 그렇고, 전 세계의 모든 사람도요. 왜냐면 우린 원래 한 가족이니까요."

— 영화 〈더 나은 세상을 위한 레시피〉 중에서

우리는 하루 세끼, 간식까지 생각하면 매일 많은 것을 먹으며 생명을 유지합니다. 우리가 먹는 음식에 어떤 재료가 들어갔는지 살펴보고, 각 재료를 재배하는 과정부터 음식을 만들고 음식물이 버려지는 과정에 이르기까지, 어떤 환경문제가 발생할 수 있을지 생각해봅시다. 또 우리의 매 끼니 식사는 어떠한지 고민해보고, 우리가 먹는 음식을 어떻게 친환경적으로 바꿀 수 있을지 생각하며 변화에 동참해봅시다.

지속가능한 농업으로 전환:
벌레들이 행복해야 우리도 행복해요 ──────

전체 지구의 대지 중 사막이나 빙하 등을 제외한 땅의 절반을 농업이 차지하고 있습니다. 전 지구의 모든 생명이 모여 살아야 할 땅 중 절반 이상을 단 한 종이 먹고 살기 위해 사용하고 있는 것입니다. 90% 이상의 어장이 남획된 바다는 말할 것도 없습니다. 자연을 착취하는 방식의 농업 대신, 지속가능한 방식의 먹거리를 선택해야 합니다. 땅은 물론 지하수를 오염시키는 농약과 화학비료를 사용하지 않은 유기농 식자재는 생태계에만 좋은 것이 아니라 음식을 섭취하는 인간에게도 건강한 영향을 줍니다.

김예지(14세)

우리가 먹는 식단으로 환경에 피해를 끼치고 있습니다. 현재 우리의 음식은 생산부터 버리는 과정까지 모두 자연의 섭리를 거스르고 있습니다. 이 순환을 바로잡는다면 어떤 미래가 펼쳐질까요?

우선 당연히 고통받는 동물이 자유롭게 풀밭을 뛰놀 수 있을 것입니다. 좁은 케이지 안에 더는 갇혀 살지 않아도 됩니다. 또 농약에 의해 죽는 지렁이나 작은 곤충도 살아남을 것입니다. 지렁이와 작은 곤충들은 대지의 생태계, 순환을 위해 필요하지만 무엇보다 농사에도 큰 도움을 줍니다. 지렁이는 음식물을 분해해 좋은 비료로 만들기도 합니다. 음식물을 비료로 만들어 재활용하는 건 어렵지 않습니다.

무엇보다 우리의 식탁에는 원칙이 하나 필요합니다. 내 식탁 위에 모든 것이 어떻게 재배되어 여기까지 왔는지를 생각하는 것입니다. 자주 생각하면 감사와 슬픔을 느낄 수 있습니다. 그리고 새로운 결심을 할 수 있습니다. "난 자유롭게 자라난 음식만을 먹겠어!"라고요.

김도훈(14세)

최근에 다큐멘터리 〈카우스피라시〉를 봤습니다. 소뿐 아니라 다른 모든 육식에 대한 비판을 담고 있었습니다. 적잖이 충격을 받았습니다. 육식으로 인한 환경오염과 저인망 어업의 실태, 양식과 포경의 실태에 대해서 알게 되었기 때문입니다. 우리가 만약 채식을 실천한다면 다른 동물도, 땅도, 환경도, 지구 전체가 훼손되지 않을 것입니다.

그러나 무작정 채식을 해서는 안 됩니다. 어떻게 가장 친환경적인 선택을 할 수 있을까요? 여기서도 마찬가지로 답은 '유기농'입니다. 고기는 최소화하고, 채소를 선택할 때도 가장 친환경적인 선택을 하며, 최소한의 축산업을 유지하고, 가까운 곳에서 생산된 음식을 먹어야 합니다.

그리고 우리의 삶도 음식과 함께 바뀌어야 합니다. 채식뿐 아니라 의류에서도 동물성 원료가 사용된 옷을 입지 말아야 합니다. 패스트 패션을 지양해야 하는 것도 당연합니다. 대량 생산을 하지 않은 물건은 가격이 비싸겠지요? 책에서 말했듯 비싸기 때문에 사람들이 오히려 필요한 만큼만 사게 되고, 그것이 환경에 더 좋을 수 있습니다.

지역 먹거리 소비:
탄소발자국을 줄여요 ────────

더 나은 세상을 위한 먹거리를 선택하기 위해서는 음식의 재료가 어디서 왔는지도 잘 관찰해야 합니다. 오늘날 많은 식자재가 비행기로, 배로 바다와 대륙을 건너옵니다. 생산지가 멀어질수록, 냉동 시스템을 이용해야 하고, 탄소를 배출하게 됩니다. 거리만 중요한 것은 아닙니다. 때에 맞춰 제철 음식을 선택하는 것도 중요합니다. 제철 농산물이 아니라면 재배하기 위하여 비닐하우스에서 온도와 습도를 조절해주어야 합니다. 그 과정에서 엄청난 온실가스가 발생하고 있습니다.

식자재를 인근 지역, 어렵다면 최소한 국내에서 생산된 것으로 선택하고, 제철 농산물을 소비하면 탄소발자국을 줄일 수 있을 뿐 아니라, 자연의 변화를 긴밀하게 알아차릴 수 있습니다. 내가 먹는 식단의 탄소발자국을 인식하고 줄여봅시다.

김다민(15세)

『더 나은 세상을 위한 레시피』에는 우리 다음으로 지구에 살 세대, 인간들에 의해 삶의 터전을 잃어버리는 동물의 입장에서 현실을 다시 생각해볼 수 있게 됩니다. 나와는 다르지만 같은 곳에서 살아갈 대상들은 어떤 마음일지 공감해보고, 나의 아무렇지 않은 행동들이 모여서 미래에 어떤 영향을 미칠지 생각해봅시다. 나아가 함께 공생할 수 있는 세상을

영화 〈더 나은 세상을 위한 레시피〉의 한 장면

위한 레시피가 필요합니다.

먼저 유기농 식품이나 로컬 푸드를 사야 합니다. 화학비료의 사용이 줄어 땅을 보존할 수 있고, 다른 지역에서 생산되는 식자재를 운송하느라 에너지를 낭비하지 않을 수 있기 때문입니다. 우리에게는 사소할지라도, 사소함이 모여 큰 영향을 미칠 수 있습니다.

친환경적인 식탁은 제철 음식으로 식탁을 꾸미는 것이기도 합니다. 가장 자연에 가깝고 자연스럽게 자라난 식자재이기 때문입니다. 그 외에도 일주일에 한 번 채식하기, 내가 먹은 음식이 끼칠 영향을 생각하며 먹기 등을 같이 실천하면 좋겠습니다.

이윤영(14세)

저는 우리의 식단을 지금보다 더 친환경적으로 바꾼다면 분명히 지구에 좋은 영향을 끼칠 수 있다고 생각합니다. 경작 및 가축 사육을 위한 화학비료 사용과 가공, 유통과정에서 먹거리 체계가 일으키는 온실가스 배출량은 전체 배출량의 23%, 즉 1/4에 가까운 비중을 차지하고 있다고 합니다. 더 심각한 것은 토지를 변화시켰기 때문에 생물다양성을 크게 훼손시키고 있다는 것입니다. 여기에 더해 현재 지구 전체 지표면의 50%가 경작지로 전환됐다고 합니다. 축산업에 들어갈 사료가 필요하고, 지구 반대편에서도 다양한 음식을 원하는 때에 먹고자 하기 때문입니다.

이런 심각한 상황에서 우리가 직접 식단을 바꾸고자 노력한다면, 지구의 온실가스와 환경오염을 줄이고자 노력한다면, 분명 위기를 극복할 수 있을 것입니다. 이때 우리가 지켜야 할 원칙으로는 육류 섭취 줄이기, 유기농 음식을 먹기 위해 노력하기, 슬로우 푸드 도전하기, 탄소 발자국이 적은 재료로 만든 음식 먹기 등이 있습니다.

소비 방식의 변혁:
식습관을 바꿔요

여러분의 학교에도 채식 급식의 날이 있나요? 있다면 그날 하루는 집에서도 고기를 먹지 않으면서, 채식에 대해서 생각해보면 어떨까요? 오늘날 너무 많은 육류를 생산해야 하므로 축산은 공장식으로 바뀌었습니다. 공장식 축산은 닭, 돼지, 소 같은 가축을 빨리 그리고 더 많이 기르기 위해 농장을 공장처럼 만들었다는 뜻입니다. 이에 따라 사료를 만드는 농장도 공장화되었습니다. 많은 사료가 필요하기에 유전자 변형 곡물을 키우고, 농약을 사용합니다.

물고기와 어패류의 상황도 다르지 않습니다. 원양에서 잡은 물고기는 냉동시키고, 먼 거리를 이동해오기 때문에 온실가스를 많이 배출합니다. 또 어획용 그물이 엄청난 규모로 버려져 바다 생태계를 완전히 파괴하고 있습니다. 바다 쓰레기의 절반은 우리 식탁에 오를 물고기를 잡느라고 만들어진 쓰레기입니다. 우리가 많이 먹는 참치를 잡기 위해서 긴 낚싯줄을 쓰는데 하루 사용하는 참치 낚싯줄은 지구 500바퀴를 감을 정도의 길이라고 합니다. 얼마나 많은지 상상이 되나요? 우리 모두는 지구에 책임이 있습니다. 우리가 먹는 음식이 윤리적이지 않다면 과감히 다른 먹거리를 선택하는 것이 소비자가 해야 할 일입니다.

김학철(15세)

우리는 채식이란 말을 들으면 '영양가가 적다', '맛이 없을 것 같다'라는 편견을 갖고 있습니다. 하지만 채식도 맛있고 건강한 음식이 될 수 있습니다. 책과 영화에서는 고기가 없어도 맛있는 음식이 등장합니다. 강낭콩과 귀리로 만든 채식 버거, 구운 두부와 볶은 채소를 넣은 파스타, 붉은 강낭콩으로 만든 초콜릿 케이크…. 채식은 우리의 배를 채우기만 하는 것이 아니라 다양한 재료의 맛을 보고, 먹는 재미를 알게 해줍니다. 육류 섭취를 줄이면 우리의 소중한 자연을 지킬 수 있습니다. 친환경 급식을 하는 나라에서는 급식에서 고기 소비를 줄여 온실가스 배출량을 줄이는 데 성공했다고 합니다. 친환경적인 식탁을 꾸미는 일을 실천해봐야겠습니다.

김명찬(14세)

우리가 식단을 바꿔 고기를 덜 먹게 되면 고기 생산 과정에서 나오는 환경오염을 막을 수 있습니다. 환경뿐 아니라 동물을 좁은 공간에 가둬 놓고 키울 필요도 없게 됩니다. 지금과 같은 환경에서는 불결한 위생 때문에 동물들이 쉽게 병에 걸리게 되고, 그렇게 생긴 바이러스가 코로나19와 같이 사람에게 전염될 가능성도 있습니다. 식단을 바꾸는 것은 우리 스스로의 생명을 구하는 일입니다. 그래서 저는 가능한 유기농 음식 재료를 먹고, 고기를 적게 먹을 것입니다.

일상생활에서 또 다른 실천도 할 수 있습니다. 우리는 쓰레기 무단투기 현장을 종종 발견합니다. 버려진 쓰레기는 계속 방치될 경우 바람 같은 것에 휘말려 분리되어 하수구나 강, 바다로 흘러가기도 합니다. 그러면 바다와 땅 모두를 오염시킬 수 있습니다. 분리배출을 제대로 하지 않으면 쓰레기가 되어 매립되거나 소각되고, 새로운 자원이 될 가능성이 없어집니다. 쓰레기를 규칙대로 버리면 좋겠습니다.

음식물 처리 방식의 변화:
음식을 버리지 않아요 ───────────

    음식의 재료와 먹는 방식을 선택하는 것만큼이나, 음식물 쓰레기를 어떻게 처리하느냐도 굉장히 중요한 문제입니다. 오늘날 우리가 버리는 음식물 쓰레기는 대부분 매립되거나 또 다른 가축들의 먹이가 됩니다. 물론 위생적으로 처리를 하겠지만, 윤리적으로 우리가 먹고 남은 쓰레기를 더 열악한 상황에 있는 동물들에 처리하라고 떠넘기는 것이 과연 옳은 문제인지는 고민해볼 문제입니다.

    『더 나은 세상을 위한 레시피』에서는 음식물 쓰레기를 처리하는 새로운 방안을 제시합니다. 음식물 쓰레기로부터 바이오가스를 만들어, 천연 자원을 끌어다 쓰지 않고도 트럭을 운행하도록 하는 것입니다. 문제를 바라보는 시선을 바꾸면 금방 새로운 직업, 기술, 산업 분야를 발견하고, 발전시킬 수 있습니다. 무엇보다 중요한 건, 음식물이 쓰레기가 되기 전에 우리가 필요한 만큼만 음식을 받고, 최대한 남기지 않는 것입니다. 요리하는 과정에서도 최대한 식자재를 낭비 없이 사용하여 버리는 일이 없도록 하면 됩니다. 우리의 요리 습관, 식사 습관의 작은 변화만으로도 지구에 긍정적인 변화를 끌어낼 수 있습니다.

이강욱(14세)

    식자재의 생산뿐 아니라 음식을 만드는 과정에서도 환경오염이 발생합니다. 예를 들어 기름에 튀기는 음식은 환경오염을 발생시킨다고 합니다. 스님들은 '발우공양'이라는 것을 하십니다. 발우공양은 자신이 먹을 만큼의 음식물을 받고 그것을 남김없이 먹기 때문에 음식물 쓰레기가 전혀 나오지 않습니다. 저는 음식물 쓰레기를 줄이고, 우리의 식단을 친환경적으로 바꾸기 위해 일주일에 한 번 고기 없는 식탁 만들기, 내가 먹을 만큼만 음식 받기, 음식 남기지 않기, 내가 먹는 음식이 지구에 어떤 영향을 미치는지 생각하기를 실천해보려고 합니다.

더 나은 세상은 한 사람의 노력으로 만들어지는 게 아니라 우리 사회의 모든 구성원 모두가 참여해야 만들어집니다. 참여는 세상을 바꾸기 위해 가장 필요한 것입니다.

배호은(15세)

환경에 영향을 미치는 음식 문제가 뭐가 있을지 묻는다면 대다수가 음식물 쓰레기라고 말할 것입니다. 물론 음식물 쓰레기도 문제가 없는 것은 아니지만 우리가 먹는 음식 그 자체의 문제도 있다는 게 중요합니다. 그것을 잘 알고 더 나은 세상을 위한 레시피를 만들어간다면 생명을 살리는 지구를 만들 수 있습니다.

상상해보세요. 공장식 사육을 해서 기른 고기로 만든 음식이 줄어든다면 어떤 영향을 미치게 될까요? 소를 키우기 위해 배출되는 탄소의 양이 줄어들고 숲이 다시 살아날 것입니다. 또한 닭은 열악한 환경에서 전염병으로 버려지지 않고 대량 생산의 굴레에서 벗어나 생명답게 살 수 있습니다.

농약과 화학 비료를 사용하며 길러진 채소나 곡물을 소비자가 사지 않는다면 어떤 영향을 미칠까요? 화학 비료와 농약을 사용해 식물과 토양을 병들게 하고 하천으로 흘러가 자연을 무너뜨리던 악순환이 멈추면서 더 나은 방향으로 변화하게 됩니다. 또 소비자가 유기농 시장을 선호하면, 대기업들은 트렌드를 따라 생산을 바꾸려 할 것이고 자연스럽게 모든 식자재에 유기농 상품이 표기되기 시작할 것입니다.

인간의 먹거리이기 때문에 대량 생산되는 동물이 있고, 그렇게 생산된 육류가 음식물 쓰레기로 버려지는 양도 많다면, 문제가 참 심각합니다. 따라서 우리는 환경 파괴의 식탁 대신 친환경적인 식탁에서 밥을 먹어야 합니다. 공업형 농업의 음식을 소비하지 않고 불필요하게 많은 음식을 섭취하지 않는 것부터 시작입니다. 당장 오늘 먹을 만큼의 음식만 만들고 버리는 양을 줄이는 일부터 함께 시작해보면 어떨까요?

"우리 모두가 나설 수 있다. 이 책을 덮고 다르게 먹기로 결심만 하면 된다. 힘은 우리가 쥐고 있다. 우리와 같은 사람들이 점점 늘면 기업과 정치인들은 다른 방도가 없을 것이다. 지금 당장, 다 함께 움직여야 한다. 더는 10~20%의 지속가능성을 지향한다고 말할 수 없다. 100% 지속가능성이 목표라고 해야 한다. 우리는 목표의 수준을 바꿔야 한다.

앞으로 지구가 어떤 모습일 수 있을지 상상해보라. 길가에 풍성할 초목을 상상해보라. 다시 돌아온 숲들을 상상해보라. 우리 아이들이 뛰어

놀 초원의 풍부한 생물다양성을 상상해보라. 물고기, 거북이, 돌고래가 돌아온 바다에 뛰어들 아이들을 상상해보라. 겨울밤 여전히 맑은 하늘에 내리는 눈송이에 휘둥그레지는 아이들의 눈을 상상해보라. 우리 모두가 함께 이룰 수 있는 것들을 상상해보라.

우리가 열쇠를 쥔 그 세상을 상상하라."

— 브누아 브랭제, 『더 나은 세상을 위한 레시피』, 262쪽, 착한책가게

먹거리를 바꾼 후에 지구가 어떤 모습일지 상상해보세요. 더 나은 세상을 상상하는 것만으로도 행복하지 않나요? 우리가 상상하는 세상을 만들기 위해서 당장 우리의 식탁부터 바꾸어봅시다. 먹거리뿐만 아니라 우리 삶 곳곳에서 실천해야 하는 더 나은 세상을 위한 일상의 레시피도 만들어봅시다. 우리가 가진 한 끼의 힘은 큽니다. 지구에 있는 모든 생명이 행복해야 우리도 행복합니다. 우리는 원래 한 가족이니까요.

┌ **더 읽어볼 책**

· 『EBS 지식채널 × 살아남은 자의 조건』, 지식채널e 제작팀 지음, EBS BOOKS, 2020
· 『달력으로 배우는 지구환경 수업』, 최원형 지음, 블랙피쉬, 2021
· 『식물, 세계를 모험하다』, 스테파노 만쿠소 지음, 임희연 옮김, 더숲, 2020
· 『제인 구달 생명의 시대』, 제인 구달 외 지음, 최재천 외 옮김, 바다출판사, 2021

6월

모든 순간이
삶이다

"우리는 삶에서 정말 기쁘고 즐거운 일들을 내가 속한 공동체의 구성원들과 함께하는 문화를 가지고 있습니다. 생일이나 결혼, 경사, 집들이 등등이 그렇습니다. 행복은 사랑하는 사람들과 함께할 때 우리 곁에 머뭅니다. 그렇기 때문에 인간은 삶의 가장 좋은 순간을 누군가와 함께 나누고 싶어 합니다. 마찬가지로 힘들고 지칠 땐 누군가로부터 격려와 희망을 얻기도 합니다. "행복이란 서로 엮인 공동의 경험에서 우러나온다"라고 할 수 있겠습니다."

| 함께 읽은 책 |

『행복을 부르는 지구 언어』, 메건 헤이즈 지음, 최다인 옮김, 애플북스, 2021
『하늘을 나는 새들도 글을 쓴다』, 설흔 지음, 현북스, 2020

행복을 위한 언어들

언어는 문화를 담는 그릇입니다. 전 세계에는 다양한 언어가 있고, 그만큼 다양한 문화가 있습니다. 그래서 같은 대상이나 현상을 보더라도 전혀 다른 표현이 존재할 수 있고, 어떤 언어에는 있는 뜻이 다른 언어에는 없는 경우들도 있지요.

『행복을 부르는 지구 언어』는 행복하고 잘 살고 싶은 인간의 본능을 표현한 다양한 언어를 소개하는 책입니다. 행복을 표현하는 다양한 단어들을 통해 보다 깊고 넓게 행복한 삶을 꿈꿀 수 있습니다. 책에 소개된 5개의 목차 '집과 환경', '공동체와 인간관계', '성품과 영혼', '기쁨과 영적 깨달음', '균형과 평온'에서 가장 인상 깊은 단어를 뽑아 여러분께 소개합니다.『행복을 부르는 지구 언어』를 보시면서 여러분은 행복을 어떻게 정의하고 싶은지, 또 행복한 삶을 위해서는 어떤 태도가 필요한지 함께 생각해봅시다.

1. 집과 환경

휘게(HYGGE, 덴마크어, 노르웨이어) "정서적 행복감을 불러일으키며 아늑하고 포근한 환경을 만들어내는 생활 방식"

휘게는 사랑하는 가족이나 친구 또는 혼자서 보내는 소박하고 아늑한 시간을 뜻하는 덴마크어로, 덴마크 사람들이 지향하는 여유롭고 소박한 삶의 방식을 뜻합니다. 작가이자 프로듀서인 줄리 포인터 애덤스는 휘게를 중요하게 생각했습니다. 줄리가 찍은 사진 중에는 일상 속의 편안함을 담은 사진들이 많습니다. 줄리는 인디고 서원과의 인터뷰에서 이렇게 말했습니다.

"나에게 주어진 것과 나의 실수들마저도 축복하는 것이 중요합니다. 우리 삶이, 인간의 존재가 완벽하게 불완전하다는 사실을 이해한다면 우리는 서로를 조금 더 포용할 수 있을 것입니다. 또, 새롭게 다시 도전하고 시도하는 것에 대해서도 열려 있는 상태가 될 것입니다. 그러면 우리는 조금 더 다른 사람에게 친절할 수 있고, 조금 더 부드러워지고 다정해질 수 있을 것이며, 사회 전체가 조금 더 너그러워지고 평화로워질 것입니다. 여러분이 매일 아침에 눈을 뜰 때 이런 삶의 양식을 떠올리고 하루를 생활한다면, 여러분의 삶과 여러분이 마주한 세상도 충분히 더 평온하고 행복할 수 있을 것입니다."

코로나 이후 삶의 양식이 변화했습니다. 대규모로 모이는 것을 할 수 없게 되면서 소규모 공동체가 형성되었습니다. 매일매일 만나는 사람들만 만나고, 매일매일 같은 일상이 반복됩니다. 그렇기 때문에 나에게 주어진 것에 감사하고 그 안에서 행복을 찾는 것이 더욱 중요해졌습니다. 나의 이야기, 나의 삶, 나의 실수들까지도 축복하고 끌어안을 수 있을 때, 우리는 조금 더 서로를 포용하고 행복할 수 있습니다. 나아가 새롭게 도전하는 것마저도 두렵지 않게 될 것입니다.

프리루프트슬리브(FRILUFTSLIV, 노르웨이어, 스웨덴어) "자연과 호흡을 맞춰 얽매이지 않고 살아가는 삶의 방식과 야생의 공간에서 인간이 느끼는 영적 동질감"

발타인잠카이트(WALDEINSAMKEIT, 독일어) "숲에서 나를 만나는 시간", "숲의 고독"

인간, 나 자신은 자연의 일부입니다. 그렇기 때문에 자연 안에서 다른 생명과 동등하게 느낄 수 있는 동질감이 있습니다. 우리는 휴식을 위해 자연에 들어가기도 하고, 자연에 들어갔을 때 행복을 느끼기도 합니다. 때로는 자연의 경이로움이 인간 존재의 의미는 무엇인지, 인간으로서 어떤 삶을 살아갈 것인지 철학적인 물음을 던지기도 하고, 자신의 삶을 되돌아보는 기회를 제공하기도 합니다.

그러나 자연과 함께하는 시간은 도시에 살면서 경험하기 어렵습니다. 그렇기 때문에 자연에 다가가기 위해, 자연과 친해지기 위해 더 노력해야 합니다. 우리는 조금은 떨어져 있는 것 같은 집과 환경을 연결 지어 생각해볼 필요가 있습니다. 우리 집을 넓게 본다면 지구도 우리 집이라고 할 수 있습니다. 역사학자 하워드 진은 "세계를 가족으로 생각하게 되면 그것은 큰 기쁨과 행복을 줄 것입니다. 어려움에 처한 사람들을 돌보고, 더 좋은 세상을 만들기 위해 노력하는 것은 세계뿐 아니라 나 자신에게 더 좋은 일입니다. 타인에게 마음을 기울이면 당신의 삶은 더 아름답고, 풍요로워질 것입니다"라고 이야기했습니다. 나와 우리 집에서 나아가 이웃과 자연과 지구까지도 함께 행복할 수 있는 방법을 함께 고민해봅시다.

2. 공동체와 인간관계

휘넌(GUNNEN, 네덜란드어) "남이 무언가를 갖는 것이 마땅하다고 느끼다", "다른 사람의 성공에서 만족감을 느끼다"

페어슈테엔(VERSTEHEN, 독일어) "이해", "타인의 행동에 대한 깊은 공감"

맛있는 것을 먹을 때, 멋진 풍경을 볼 때, 좋은 일이 생겼을 때 우리는 누군가를 떠올리곤 합니다. 우리는 혼자서 느끼는 즐거움보다 함께 나누는 즐거움을 선호하는 경향이 있습니다. 2022 베이징 동계올림픽 프리스타일 스키 남자 에어리얼 결승전에서 동메달을 딴 일리야 부로프가 은메달을 딴 올렉산드르 아브라멘코를 끌어안으며 축하했습니다. 러시아와 우크라이나 사이에 전쟁의 기운이 감돌았던 당시 상황에 진심 어린 포옹은 전 세계에 큰 감동을 주었습니다.

우리는 행복뿐만 아니라 어려움과 용기도 함께 나눌 수 있습니다. 1968년 멕시코시티 올림픽 남자 육상 200m 경기에서 세계 기록을 세우며 우승한 토미 스미스와 3위를 한 존 카를로스는 시상식에서 인종차별에 저항하는 의미로 고개를 숙이고 검은 장갑을 낀 주먹을 하늘을 향해 들어 올렸습니다. 이는 당시 미국 사회에 만연했던 인종차별에 저항하는 '블랙 파워 살루트' 운동이었습니다. 이 시상식에는 두 명의 흑인 선수 외에 2위를 했던 피터 노먼 또한 있었습니다. 피터 노먼은 함께 시상대에 오른 선수들이 블랙 파워 살루트 운동을 하고 있는 동안, '인권을 위한 올림픽 프로젝트' 배지를 달고 함께 고개를 숙이고 있었습니다. 그는 백인이었음에도 함께 경쟁했던 동료들의 아픔을 알고 있었고, 그렇기에 그들의 저항에 동참했습니다. 이로 인해 세 선수 모두 선수 자격을 박탈당하고 맙니다. 존 카를로스는 이 선택에 대해 "천 번의 기회가 주어지더라도 내 행동은 바뀌지 않았을 것입니다. 난 그 순간을 위해 이 세상에 태어났다고 생각합니다"라고 말했습니다. 이 세 선수의 우정은 피터 노먼이 죽은 이후 장례식까지도 이어졌습니다.

이처럼 다른 사람의 행복을 진심으로 축하해주거나, 다른 사람의 아픔에 함께하는 마음은 깊은 공감으로부터 나옵니다. 깊은 공감은 친절을 불러일으키고, 친절은 행복으로 갈 수 있는 지름길입니다.

우분투(UBUNTU, 응구니 반투어) "모든 사람이 하나의 공동체로 연결됨"

우리는 삶에서 정말 기쁘고 즐거운 일들을 내가 속한 공동체의 구성원들과 함께하는 문화를 가지고 있습니다. 생일이나 결혼, 경사, 집들이 등

등이 그렇습니다. 행복은 사랑하는 사람들과 함께할 때 우리 곁에 머뭅니다. 그렇기 때문에 인간은 삶의 가장 좋은 순간을 누군가와 함께 나누고 싶어합니다. 마찬가지로 힘들고 지칠 땐 누군가로부터 격려와 희망을 얻기도 합니다. "행복이란 서로 얽힌 공동의 경험에서 우러나온다"라고 할 수 있겠습니다.

3. 성품과 영혼

세니(SENY, 카탈루냐어) "분별, 상식, 성실성"

카탈루냐어 '세니'는 분별, 상식, 성실성을 뜻하는 단어입니다. 카탈루냐는 스페인 북동부의 자치 지방인데, 세니는 이곳 사람들의 특징을 잘 나타내는 단어입니다. 『행복을 부르는 지구 언어』의 저자는 카탈루냐 사람을 "공정함과 정의를 열렬히 추구하면서도 조심성을 잃지 않아" 그들은 진실하고 믿음직하다고 말합니다. 열정적이면서도 신중하다는 것, 그래서 상식을 벗어나지 않고 분별력 있게 행동해야 행복할 수 있다면, 행복은 정말 열심히 노력해서 쟁취해야 하는 것임을 느낄 수 있습니다.

이런 멋진 성품을 지닌 카탈루냐 사람 중에는 초현실주의 화가로 잘 알려진 살바도르 달리와 환상적인 건축물들을 창조한 안토니오 가우디가 있습니다. 또한 '행복을 그리는 작가'로 알려진 에바 알머슨도 카탈루냐 출신입니다. 그녀가 그리는 행복은 일상에서 만날 수 있는 소소하지만 중요한 것들입니다. 친구와 함께 이야기하는 것, 예쁜 모자를 쓰는 것, 가족들과 산책을 하거나 밥을 먹는 것, 아름다운 햇살을 느끼는 것 등등. 그녀의 따뜻한 그림들은 아무렇지 않게 지나갔던 시간이 삶의 보물일 수도 있다는 것을 일깨워주고, 지금은 조금 힘들고 어려울지라도 행복해지기 위해 스스로 다독이고 용기를 내게 해줍니다.

고음악계의 세계적인 거장 조르디 사발의 아들인 페란 사발은 카탈루냐의 전통음악을 현대 음악으로 승화시킨 '카탈루냐의 노래'라는 앨범을 만들었습니다. 이 앨범의 2번 트랙은 '엄숙한 시간(Hora Grave)'인데요, 라이너 마리아 릴케의 시에 음을 붙인 것입니다.

엄숙한 시간
라이너 마리아 릴케

이 세상 어딘가에서 누군가 울고 있다면
아무 이유도 없이 누군가 울고 있다면
나를 위해 울고 있는 것이에요
이 밤 어딘가에서 지금 누군가 웃고 있다면
아무 이유도 없이 지금 웃고 있다면
나를 위해 웃어주는 것이에요
이 세상 어딘가에서 누군가 지금 방황하고 있다면
이 세상 밖에서 아무 이유도 없이 방황하고 있다면

그대 나를 향해 걸어오는 것이에요

이 세상 지금 어딘가에서 누군가 죽어가고 있다면

이 세상 어딘가에서 아무 이유도 없이 누군가 죽어가고 있다면

나를 바라보고 있을 거예요

라이너 마리아 릴케의 시이긴 하지만 '세니'의 마음이 가득 담겨 있어서 앨범에 수록된 이유를 알 수 있습니다.

시수(SISU, 핀란드어) "의지력, 용기, 뚝심"

"행복은 어려움을 무시하는 순진한 낙관주의가 아니라 장애물을 넘어 해내고 말겠다는 긍정적 투지에서 얻어지는 것이다." 핀란드어 '시수'는 "상황이 불리할 때도 뜨거운 용기를 품고 살아가는 자세"로 삶에서 맞닥뜨리게 되는 어려운 상황에서도 포기하지 않을 끈기를 뜻합니다. 지금 우리가 처한 상황이 참 어렵고 힘듭니다. 코로나19, 기후위기, 불평등, 차별 등등 거대하고 변하지 않을 것 같은 문제들입니다. 그럼에도 불구하고 바깥 상황을 손가락질하는 것이 아니라 어려움을 이겨내려는 용기를 갖는 것. 행복은 그렇게 쟁취하는 것입니다.

우리가 알고 있는 시수를 가진 사람들이 있습니다. 안네 프랑크, 헬렌 켈러, 로자 파크스, 루스 베이더 긴즈버그, 그레타 툰베리, 말랄라 유사프자이와 같은 사람들이 그렇습니다.

메라키(μεράκι, 그리스어) "혼을 담아 또는 마음에서 우러나 무언가를 하다"

"메라키는 인간이 때로는 논리가 아니라 영혼이라 부르는 무언가의 작용으로 움직인다는 점을 짚어낸다. 친구가 점심을 먹으러 오기로 했다면 간단하게 먹을 수 있는 음식을 준비하는 것이 이성적인 행동이다. 하지만 우리는 친구가 어떤 음식을 좋아하는지 알고 있기에 열심히 풍성한 만찬을 준비하고 가장 좋은 식탁 매트와 싱싱한 꽃으로 장식한다. 애정과 열정이 배어든 식사는 변변찮은 샌드위치보다 우리의 내적 본질을 좀 더 잘 드러낸다. 이것이 바로 메라키다."

메라키의 뜻에서 경제학자 존 러스킨이 인간을 "자신의 이익만을 좇는 이기적 존재가 아니라 애정을 지닌 영혼을 동력으로 삼는 기관"으로 여긴 것이 떠오릅니다. 인간은 이해타산에 따른 결과만 추구하는 존재가 아닌, 마음을 쓰는 존재입니다. 우리는 어떤 것에 마음을 쓰고 있는지 돌아보고 "메라클리데스(메라키를 지닌 사람들)"가 되어봅시다.

4. 기쁨과 영적 깨달음

케피(ΚΕΦΙ, 그리스어) "들뜬 기분, 흥겨움, 활력, 삶에 대한 사랑"

하루 중에 가장 신나는 시간은 언제인가요? 고된 일과를 마치고 갖는 휴식 시간은 가장 신나는 시간이라고 할 수 있겠습니다. 할 일을 마치고 쉬는 시간, 휴식 시간이 찾아오면 기분이 너무 좋아 다 함께 춤을 추고 싶을 만큼 기쁠 때도 있습니다.

세렌디피티(SERENDIPITY, 영어) "우연한 순간이 겹칠 때"

응급구조센터에서 일하고 있는 의사들에게는 죽을 위기에 처한 환자를 만나는 순간이 일상의 순간일 것입니다. 하지만 이런 일상 속에 생명의 불꽃이 꺼져가는 한 사람의 일생을 살리는 만남이 바로 '세렌디피티'가 아닐까 합니다.

다디리(DADIRRI, 오스트레일리아 냥이쿠룽쿠르족어) "자연의 소리에 귀 기울이기"

자연의 소리에 귀를 기울이면 어떤 느낌이고, 자연과 하나가 되어 나무의 일부가 된다는 것은 어떤 느낌일까요? 가끔은 눈을 감고, 조용히 명상을 하면서 주변 환경을 평온하게 받아들이는 '다디리'의 자세를 가져 봅시다.

윔지(WHIMSY, 영어) "장난스럽게 하는 별나거나 기발한 행동 또는 농담"

시애틀은 비바람이 부는 도시로 유명합니다. 간혹 정말 비바람이 세게 몰아칠 때면 우리는 우산을 타고 하늘을 날아가는 상상을 하기도 합니다. 비바람을 온몸으로 받아들이면서 커피 한 잔의 여유까지 즐길 수 있다면 얼마나 재밌을까요? 비바람 때문에 신발에서 찰랑찰랑 소리가 들리고, 바지는 점점 젖어서 다리에 붙어 있고 등마저 축축해져서 짜증이 가득해질 수도 있는 상황을 반전시킬 상상의 나래를 펼쳐봅시다.

주아 드 비브르(JOIE DE VIVRE, 프랑스어) "삶을 풍부하게 즐김"

내일 넘어지지 않기 위해서 오늘 넘어진다는 말이 프랑스의 '주아 드 비브르'와 정말 잘 어울립니다. 손 놓고 기다리는 것이 아니라, 무엇이든 도전해보는 적극적인 행위를 하는 것, 그런 노력으로 영적 깨달음을 얻을 수 있을지도 모릅니다.

4장 '기쁨과 영적 깨달음'에서는 마음가짐의 중요성을 말하고 있습니다. 기분 좋을 때 함께 춤을 추고(케피), 동화 속 주인공처럼 즐겨보고(윔지), 자연의 소리에 귀 기울이며(다디리), 인간이 행위 주체가 아니라 자연처럼 그저 '있는' 존재임을 깨닫는(유겐) 시간이 필요합니다. 우리의 마음 상태를 스스로 어떻게 만들어가는지, 어떤 마음에 먹이를 주는지(우기-워드간)는 중요한 행복의 조건입니다.

5. 균형과 평온

케이프(KEYIF, 터키어) "여유롭고 평안하여 기분이 좋은 상태"

아무것도 하지 않으면서 여유를 즐기는 시간, 긴장을 푸는 시간, 터키 사람들은 이런 시간에 '케이프'라는 이름을 붙였습니다. 케이프는 기쁨, 희열, 평온한 여유까지 포함하는 단어입니다. 식사 시간에 음식을 먹으며 완전히 몰두해 평화로운 만족감을 느끼는 모습을 상상해봅시다. 아마 아주 만족스러운 표정이 그려질 것입니다. 먹는다는 것에는 배를 채운다는 의미도 들어 있고, 쉰다는 의미도 포함되어 있습니다. 누군가에게 음식을 챙겨주는 이유에는 그들이 음식을 먹을 때만큼은 쉬고 싶지 않아도 쉬는 시간을 가지게 되기 때문도 있을 것입니다. 잠시 모든 것을 멈추고 차 한 모금, 달콤한 쿠키 하나, 상큼한 과일 한 입을 먹는 것이 우리가 쉴 수 있게 도와준답니다.

소브레메사(SOBREMESA, 스페인어) "식사를 마친 뒤 식탁에 둘러앉은 채 느긋하게 대화를 나누는 시간"

우리는 식사 중에 유튜브를 보거나 책을 읽기도 하고, 심지어 걸어가면서 먹기도 합니다. 시간이 없어서 급하게 음식을 때려 넣는다고 표현하기도 합니다. 하지만 온전히 식사에 시간을 들여 천천히 밥을 먹고, 차를 마시는 노력이 필요합니다. 스페인 단어 중 '소브레메사'는 느긋하게 먹고 마시는 시간을 의미합니다. 음식을 먹는 것은 배만 채우는 것이 아니라 마음을 채워주기도 합니다. 친구나 가족과 싸웠을 때 음식이 서로의 마음을 녹여주기도 합니다. 스페인 사람들이 2~3시간 식사를 하는 이유는 바로 친구나 가족과 식탁에 둘러앉아 서로 마음을 나누는 것까지를 먹는다는 행위에 포함해 생각하기 때문입니다.

세이자쿠(静寂, 일본어) "일상적 행위 속에서도 문득 느껴지는 평온함"

우리는 혼자 먹는 것보다는 함께 먹는 것, 함께 음식을 나누는 것을 선호합니다. '허브 커뮤니티 키친'이라는 곳에서는 자신들이 가장 소중하게 생각하는 요리 레시피를 가지고 모여 음식을 하고 사람들과 함께 나눠 먹습니다. 그리고 이 레시피를 전 세계의 모든 사람과 공유하고 싶어서 『투게더(Together)』라는 요리책을 만들기도 했습니다. 이 '허브 커뮤니티 키친'은 '세이자쿠'라는 일본어를 떠올리게 합니다.

세이자쿠는 일상 속에서 느끼는 평온함을 뜻합니다. 음식은 우리의 허기를 채워주고, 마음을 달래주고, 위험한 세계로부터 자신을 보호해주기도 합니다. 허브 커뮤니티 키친에 모인 사람들은 훌륭한 레시피를 가진 전문 요리사들이 아니라, 2017년 여름 영국에 있었던 그렌펠 타워 화재로 집을 잃거나, 소중한 가족 혹은 가까운 이웃을 잃게 된 사람들입니다. 소중한 사람을 잃는 아픔을 겪고 일상으로 돌아왔을 때, 평온함을 느끼기는 쉽지 않습니다. 하지만 음식의 힘을 빌려 식탁에 둘러앉아 세이자쿠를 만들어냈습니다.

화재 사건 이후 이들은 도구나 장소가 마땅치 않아서 제대로 된 요리도 할 수 없었고, 음식을 먹기도 어려웠지요. 하지만 허브 커뮤니티 키친을 만들어 신선한 재료들로 함께 요리하고, 음식을 먹으면서 평온함을 느끼고 행복을 찾았습니다. 음식은 사람을 모이게 하고, 힘을 주며, 삶에 변화를 만들고, 피부색이나 문화의 편견 없이 나누고, 웃고, 즐기고, 먹게 합니다.

우웨이(無爲, 중국어) "물 흐르듯 쉽고 자연스럽게"

삶의 순간순간 축복과 아름다움을 느끼는 것은 매우 중요합니다. 그것으로부터 충만한 에너지를 받아 우리의 삶에 더 깊숙한 곳까지 채울 수 있기 때문입니다. 그렇다면 이렇게 채워진 에너지를 어떻게 발산하면 좋을까요? '우웨이'는 한국식으로 읽으면 '무위'라는 말이 됩니다. 이 말은 동양철학에서도 아주 중요한 단어입니다. 고대 중국의 사상가였던 노자는 인위적인 것, 작위적인 것 대신 자연스럽고 소박한 것으로부터 진정한 삶의 기쁨과 진리를 얻을 수 있다는 뜻으로 무위를 주장하였습니다.

자연스러움은 힘들여서 억지로, 강제로, 의식적으로 하지 않는다는 걸 의미합니다. 우리가 과거 열심히 노력해서 얻게 된 능숙함도 지금의 우리에게 자연스러운 능력이 되는 경우도 있습니다. 김연아 선수는 능숙함을 완벽함으로 표현하는 사람입니다. 김연아 선수는 늘 하던 그대로 연습하고, 연습할 때 복잡하게 이런저런 생각을 하지 않는다고 합니다. 김연아 선수에게 무대는 즐거움, 행복, 설렘의 공간이었을 것입니다. 왜냐하면 스스로 준비가 되어 있고, 너무 자신 있기 때문입니다. 이런 감정을 '아르바이스글레데'라고 합니다.

> 아르바이스글레데(ARBEJDSGLÆDE, 덴마크어) "자기 직업에서 느끼는 행복"

손흥민 선수는 찬스가 왔을 때 머릿속으로 계산하기보다 한발 앞서 몸의 반응으로 멋진 골을 넣습니다. 골을 넣은 후, 그 장면을 보는 우리들까지 가슴 뛰고 설레고 행복하게 만드는 열정과 기쁨의 표정을 지어 보입니다. 이렇게 열정적인 삶을 이어가기 위해선 평소에 성실하게, 몸에 익도록 노력하는 것이 중요합니다. 그러기 위해선 우리에게 늘 밝고 힘찬 에너지가 필요하고, 우리가 누리는 햇빛, 음식, 여유로운 시간 속에서 그 힘을 얻을 수 있습니다.

결국 삶은 느긋하게 즐길 줄 아는 것과 열심히 노력하여 일하는 것이 균형을 이루어야 행복할 수 있는 것입니다. 매일매일 주말만 계속된다면 지금은 즐거울 것 같아도 곧 친구들도 보고 싶고, 좀 새로운 것도 하고 싶어질 게 분명합니다. 나의 삶 안에서 열심히 노력하는 것과 인생을 즐기는 것의 균형과 조화를 맞추듯이 나와 일, 나와 친구, 나와 공부처럼 나와 세계 역시 균형을 맞추고 조화를 이루어야 더욱더 좋은 삶이 될 것입니다.

토론

지구 언어 속 숨겨진 행복의 비밀

"행복을 의미하는 단어가 본질적으로 '번역 불가능'하다고 말하는 것은 사실 오해의 소지가 있다. 사람들이 매력을 느끼는 이유는 그런 단어가 어느 문화에서나 이해할 수 있는 감정적, 사회적, 육체적 경험으로 '해석'될 수 있기 때문이다. 단지 지금까지는 적합한 말을 발견하지 못했을 뿐이다. 놀라울 정도로 단순한 것부터 기막히게 독특한 것까지 다양한 개념을 즉시 이해할 수 있다는 것은 서로의 문화적 특수성을 존중함과 동시에 인간의 보편성을 받아들인다는 의미다. (…)

행복은 정적인 상태가 아니다. 일반적으로 생각하는 것보다 훨씬 복잡한 감정이 뒤섞여 있다. 왜 사람들이 기쁨의 눈물을 흘리며, 왜 누군가가 떠나기도 전에 벌써 아쉬움을 느끼겠는가? 이 책에는 실리지 못한 달콤 씁쓸한 단어가 많이 있다. 마냥 유쾌하지는 않을지 몰라도 이런 단어는 행복과 그렇지 못한 감정이 한데 엮이는 복잡한 심경을 잘 드러낸다. 갈망과 동경을 나타내는 단어와 표현이 전 세계에 수없이 많다는 사실을 보면 우리가 진정한 행복을 얼마나 간절히 원하는지 알 수 있다."

— 메건 헤이즈, 『행복을 부르는 지구 언어』, 10~12쪽, 애플북스

여러분은 무엇을 할 때 행복을 느끼나요? 맛있는 것을 먹을 때? 친구들과 재밌게 놀 때? 가족들과 함께 여행을 갈 때? 행복의 순간, 우리는 배꼽이 빠지도록 웃기도 하고, 벅차오르는 마음에 기뻐 울기도 합니다. 그런 행복한 느낌을 한 단어로 표현한다면, 어떤 단어가 떠오르나요?

전 세계에는 다양한 문화와 언어가 있습니다. 각 문화에서 사람들은 다른 상황에서 행복을 느끼고, 그걸 독특한 언어로 표현합니다.『행복을 부르는 지구 언어』는 행복하게 잘 살고 싶은 세계 곳곳의 특별한 단어를 소개하는 책입니다. 행복은 주관적이고 가변적이지만, 과연 사람들이 어떤 순간에 행복을 느끼는지, 어떻게 표현하는지 보고 있으면, 보다 깊고 넓게 행복한 삶을 꿈꿀 수 있습니다.『행복을 부르는 지구 언어』를 읽으며 우리는 어떤 행복들을 잊고 살았는지, 혹은 우리가 몰랐던 새로운 행복은 어디서 시작하는지 함께 이야기 나눠보았습니다.

이 세상이 모두 우리집이에요!

많은 사람이 집에서 안락하고 평온하게 쉬는 시간을 사랑합니다. 또 사랑하는 가족과 둘러앉아 보내는 다정한 순간을 행복이라고 부르지요. 그런데 가족과 집이 우리가 늘 생각하는 우리 가족과 내 방이 있는 공간으로 충분할까요? 우리 집은 깨끗하지만, 환경이 파괴되어 거닐 숲이 없어지면요? 세계 곳곳의 사람들이 서로 대립하고 싸우고 있다면요?

인간의 욕심으로 무너져가는 자연과 전염병의 공포로 고통받는 상황에서 진짜 행복은 전 세계를 가족으로, 지구를 우리 집으로 여기는 태도에서 시작할 수 있습니다. 전 세계 모든 생명을 가족으로 느끼게 해주는 지구 언어에는 무엇이 있나요?

발타인잠카이트(WALDEINSAMKEIT/독일어)
박서영(14세)

이 단어는 자연 속에서 느낄 수 있는 평온하고 정갈한 마음을 뜻합니다. 요즘에는 많은 사람이 도시 생활을 하고, 자연은 구경거리 정도로 여깁니다. 그러면서 자연을 지나친 개발로 파괴하고 있습니다. 저는 이 단어를 통해 자연을 소중히 여길 수 있다고 생각합니다. 자연 속에서 마음의 평화를 찾을 수 있다면, 우리 안에 있는 자연을 사랑하고 함께하고 싶은 마음이 깨어날 테니까요!

유겐(幽玄/일본어)
이선우(17세)

'유겐'은 '분홍빛 석양'을 의미합니다. 분홍빛 석양의 고요를 느끼며 '유겐'이라고 말하는 저를 상상해보았습니다. 낯선 기분이 들었습니다. 되돌아보면 제 삶 속에 자연에서 목적 없는 시간을 보낸 경험이 정말 드뭅니다. 자연 속에서 제 시간을 값지게 보내지 못한 것 같아 많이 아쉽고 후회가 됩니다. 요즘에는 조급한 마음이 더 잦아집니다. 그저 길을 걷고 있을 뿐인데 무엇을 해야 할 것 같은 느낌과 압박감이 있습니다. 마지막으로 분홍빛 석양을 오랫동안 지켜본 적이 언제였는지 가물가물합니다. 분홍빛 석양이 지는 풍경은 제가 제일 좋아하는 장면인데 말입니다. 그 장면이 너무 보고 싶습니다.

아힘사(अहिंसा/산스크리트어)

정수웅(14세)

'아힘사'는 해하지 않는, 비폭력을 의미하는 말입니다. 우리는 지금 폭력이 난무하는 사회에 살고 있습니다. 학교폭력, 가정폭력, 사이버폭력 등 주변에서 너무나 쉽게 폭력을 마주하곤 합니다.

청소년들은 대부분의 상황에서 피해자일 때가 많지만 온라인상에서 이루어지는 사이버폭력에서는 가장 큰 가해자가 되기도 합니다. 자신의 얼굴이 보이지 않는 익명성 뒤에 숨어 전혀 모르는 사람에게 욕설을 하기도 하고, 신체적 폭력을 넘어서 정신적 폭력까지 이어지기 때문입니다.

그뿐만 아니라 전 세계에는 서로가 서로를 실제로 죽이는 전쟁이 아직도 벌어지고 있습니다. 많은 사람이 '아힘사'라는 단어를 알게 되고, 그 단어의 뜻대로 행동하게 된다면 세상의 모든 증오와 범죄가 사라지고 큰 변화가 있을 것입니다.

라곰(LAGOM/스웨덴어)

이윤영(14세)

'라곰'은 '딱 그만큼으로도 좋은 것'을 의미합니다. 이 단어는 지나온 나의 삶을 되돌아보게 합니다. '정말 필요한 소비였나? 욕심은 없었나?' 등 불필요한 낭비의 과거를 생각나게 하지요. 저는 갖고 싶은 것을 욕심껏 사고는 다 쓰지 못한 적이 있습니다. 그래도 아직 우리에게는 앞으로의 가능성이 있습니다. 이 단어는 본능적으로 더 많이 갖고 싶고, 더 많이 저장하고자 하는 인간에게 '딱 그만큼, 적당히'라는 선을 그어주는 단어입니다. 우리가 이 단어를 떠올리며 살아간다면 지구는 더 '자연'스러워지지 않을까요?

모든 행복은 나 자신으로부터 시작된다 ————————

오늘날 우리는 쉽게 소유만을 가지고 행복을 이야기하지만, 진정한 행복은 한껏 들뜬 마음과 유쾌한 사람들, 신비로운 경외를 느끼는 순간들에 있습니다.

기분 좋을 땐 함께 춤을 출 수 있고, 동화 속 주인공처럼 인생을 즐기며, 자연스럽게 존재하는 것만으로 평온하고 조화로운 순간. 오로지 나 자신으로 존재하는 행복을 다양한 지구 언어로 어떻게 표현하고 있을까요?

양셩(養生/중국어)

이강욱(14세)

'나를 돌아보는 시간'이라는 뜻의 이 단어가 행복을 불러온다고 생각한 이유는, 나를 돌아보는 것이 우리 삶에 아주 중요하기 때문입니다. 나를 돌아보면 내가 무엇을 좋아하고 싫어하는지, 내가 할 수 있는 것과 없는 것은 무엇인지 알 수 있습니다. 이를 통해 우리는 어떻게 행복에 이르는지 알게 될 것입니다.

시수(SISU/핀란드어)

정재화(14세)

정말 어려운 상황에 부닥쳤을 때도 포기하지 않는 용기를 '시수'라고 합니다. 이러한 태도는 모두가 삶을 살아가는 데 정말 중요합니다. 삶에는 편한 내리막길이 있기도 하지만 아주 높고 험한 오르막길이 있기도 합니다. 그럴 때 포기하는 사람은 정상에 도달할 수 없습니다. 삶에서 시수를 잘 발휘해 어려운 일에도 포기하지 않는 용기를 가져야 합니다.

휘넌(GUNNEN/네덜란드어)

이윤후(14세)

'휘넌'은 다른 사람의 성공에서 행복을 느낀다는 의미의 단어입니다. 저는 이 단어가 한국인에게 특히 중요하다고 생각합니다. 한국은 전 세계에서 경쟁이 가장 심한 나라 중 하나이기 때문입니다. 입시 경쟁도 치열하며 직장에서도 옆 직원들과 성과 경쟁을 합니다. 심지어 '사촌이 땅을 사면 배가 아프다'라는 속담이 있을 정도입니다. 그래서 한국인들에게 승리자를 진심으로 축하해줄 수 있는 '휘년'이 꼭 필요합니다.

주아 드 비브르(JOIE DE VIVRE/프랑스어)

엄동현(14세)

환희로 가득 찬 삶을 살고자 하는 프랑스인들의 마음을 담은 이 단어는 말 그대로 '삶의 즐거움'이라고 해석할 수 있습니다. 한 번밖에 없는 삶인데 제대로, 미련 남지 않도록 삶을 만끽하며 사는 게 좋지 않을까요? '주아 드 비브르'는 언제든 바로 행동으로 옮길 수 있는, 오늘 당장 시작할 수 있는 단어입니다. 아주 드물게 찾아오는 행운 같은 상황에서만 행복을 느끼는 것이 아니고 사소한 일상을 즐기는 일 말입니다.

행복을 부르는 순우리말

우리말에도 행복을 부르는 지구 언어가 있습니다. 그런데 잘 쓰지 않거나 잘못 쓰여서 그 의미가 사라지고 있는 말들이 있지요. 순우리말 표현 중에서 오늘날 다시 주목해야 할 가치가 있는 단어를 찾고 그 의미를 음미하며 왜 행복을 불러올 수 있는 단어일지 이야기해보았습니다.

시나브로

박서영(14세)

'시나브로'는 모르는 사이에 조금씩 조금씩이라는 뜻입니다. 우리나라는 뭐든지 빨리 하는 것으로 유명한 나라입니다. 무엇이든 빨리 처리하고 학생들은 2~3년씩 선행학습을 합니다. 그런데 꼭 이렇게 허둥지둥해야 목적이 이루어질까요? 조금씩 꾸준히 하다 보면 자기도 모르게 어느새 목적지에 도달할 수 있지 않을까요? 이럴 때 필요한 단어가 '시나브로'입니다. 우리에게 조금이라도 여유가 있다면 목적지에 가는 과정이 좀 더 즐거울 것입니다. 빨리하는 것이 늘 좋은 것이 아니니, 우리가 시나브로라는 단어처럼 여유를 가져보는 것이 어떨까요?

벗

이지우(14세)

순우리말에 '벗'이라는 단어가 있습니다. 벗은 비슷한 또래로 친하게 사귀는 사람을 의미합니다. '벗'이라는 단어가 왜 지금 우리가 주목해야 할 단어일까요? 사실 제 생각에 우리가 학교에서 사귀는 친구는 진정한 친구, 즉 벗이 아닌 것 같습니다. 자신의 실력을 평가받고, 인정받는 사회에서 살아가는 상황에선 친구는 자신이 딛고 올라가야 할 경쟁자일 뿐입니다. 친구를 경쟁자가 아닌 진정한 벗으로 생각할 수 있다면, 학교생활이 조금 더 행복해질 것 같습니다.

또바기

정수웅(14세)

'또바기'는 언제나 한결같다는 뜻입니다. 저는 언제나 한결같이 있는 것을 좋아합니다. 예를 들어, 옛날에 살던 한결같은 아파트, 내가 아는 한결같은 맛, 한결같은 친구 같은 것들이요. 저도 변하지 않는 순수함과 의리를 지키며 또바기 주변 사람들 곁에 있고 싶습니다.

온새미로

김명찬(14세)

'온새미로'라는 말은 '자연 그대로, 언제나 변함없이'라는 뜻입니다. 이 단어의 뜻처럼 자연 상태 그대로 보존된 것을 요즘은 찾아보기 힘듭니다. 그렇다고 인간에 의해 변해버린 자연을 혼자서 바꾸기에는 부족합니다. 하지만 자연에 순응해 자연과 하나 된 사람들이 있습니다. 자연 속에 사는 사람들, 자연을 있는 그대로 받아들이는 사람들, 다른 무엇보다도 자연을 소중히 여겨 자연을 보존하는 데 인생을 바치는 사람들이 그렇습니다. 우리는 자꾸만 자연에게서 뺏으려고 하고 자연을 우리 마음대로 조종하려 합니다. 하지만 자연은 인간만의 것이 아니기에 인간의 잘못으로 오염된 자연은 전 지구의 모든 생명체에게 고통을 줍니다. 언제나 변함없이 자연을 그대로 보존하는 것은 힘들지만 자연의 중요성을 아는 사람들이 더욱 많이 생겨난다면 우리의 지구는 다시 푸르게 돌아갈 수 있을 것입니다.

살붙다

이윤영(14세)

제가 고른 순우리말은 '살붙다'입니다. 이 말은 '매우 친하고 다정하다'라는 뜻을 가지고 있는데요. 저는 인생에서 정말 친한 친구가 행복을 줄 수 있다고 생각합니다. 꼭 친구가 아니더라도 자신에게 영원할 무언가를 가지고 사랑한다면 우리는 분명 더 행복하고 즐거운 삶을 살아갈 수 있을 것입니다.

새뜻하다

김예지(14세)

'새뜻하다'라는 우리말을 소개합니다. 새뜻하다는 뜻은 새롭고 산뜻하다는 것입니다. 이 단어를 찾아볼 당시에는 이 단어의 존재도 몰랐고 뜻도 몰랐습니다. 단지 단어의 깔끔하고 따뜻한 느낌이 너무 좋아서 찾아보게 되었습니다. 뜻을 찾아보니 굉장히 마음에 들었습니다. 현대인은 고민과 부담을 가지고 매일 똑같은 일상으로 하루하루를 보내는데, 만약 사람들이 새뜻하다라는 단어의 중요성을 알고 매일 산뜻한 하루를 보낸다면 지금보다 훨씬 행복해지지 않을까요?

윤슬

이강욱(14세)

처음 이 단어를 들었을 때, 아름다운 강과 바다의 반짝이는 잔물결이 머릿속에 떠올랐습니다. 실제로 '윤슬'은 '햇빛이나 달빛에 비치어 반짝이는 잔물결'이라는 뜻을 가지고 있습니다. 저는 이런 풍경을 보면 마음이 정돈되고, 나도 저 강의 물처럼 마음에 많은 것을 담고 싶고, 내 마음에도 윤슬이 생겨 반짝반짝 빛났으면 좋겠다는 생각이 들었습니다.

코로나19로 우리는 여유롭게 맑은 공기를 마시고 강바람을 쐬는 일이 없어졌습니다. 대부분 집에만 있고 나갈 땐 마스크를 씁니다. 그런데 사실 코로나19 전에도 우리 삶에는 그런 여유가 없었던 것 같습니다. 사람들은 모두 바쁘고, 자연이 주는 아름다움을 망각하고 있었지요. 우리는 그걸 느낄 수 없는 상황이 되어서야 소중함을 깨닫게 되었습니다. 부산에는 바다가 많은데 한 번쯤은 바다와 강을 찾아 윤슬을 바라보며 우리 삶을 여유롭게 만들 수 있으면 좋겠습니다.

산다라

임서희(14세)

제가 생각한 행복을 부르는 우리말은 '산다라'입니다. 이 단어는 '굳세고 꿋꿋하게'라는 뜻을 지녔습니다. 요즘 제 친구들을 비롯한 학생들은 작은 일에도 쉽게 무너지고 자기비하를 쉽게 합니다. 이 단어를 평소 마음에 품고 일이 좀 잘못되거나, 내가 실수를 하더라도 꿋꿋하게 이겨내고 다음으로 나아갈 수 있으면 좋겠습니다.

더 읽어볼 책

· 『**우리는 여전히 삶을 사랑하는가**』, 에리히 프롬 지음, 장혜경 옮김, 김영사, 2022
· 『**인생에 예술이 필요할 때**』, 심상용 지음, 시공아트, 2020
· 『**좋은 삶의 기술**』, 이종건 지음, yeondoo, 2021
· 『**타샤의 기쁨**』, 타샤 튜더 지음, 공경희 옮김, 윌북, 2020

우리는
어떤 목소리를
낼 것인가

"바틀비를 통해 배울 수 있는 여러 가지 중 하나가 바로 이 특
이성, 즉 내 안의 목소리를 끝까지 관철하겠다고 하는 개성, 나
는 내가 선택한 이 길을 가겠다고 하는 태도입니다. 바틀비는
직업을 잃고 길바닥에 나앉을 때까지 본인의 특이성을 끝까지
관철한 사람입니다."

| 함께 읽은 책 |

『바틀비-월 스트리트의 한 필경사 이야기』, 허먼 멜빌 지음, 추선정 옮김, 책봇에디스코,
 2021
『나는 옐로에 화이트에 약간 블루』, 브래디 미카코 지음, 김영현 옮김, 다다서재, 2020

나는 그렇게 하지 않는 것을 선호합니다 ──────

『바틀비-월 스트리트의 한 필경사 이야기(이하 바틀비)』는 허먼 멜빌이 쓴 소설입니다. 허먼 멜빌은 19세기 미국이 낳은 최고의 작가 중 한 명이라고 평가받는 작가입니다. 멜빌의 작품 중에서도 『바틀비』는 2019년 BBC에서 가장 영향력 있는 100대 소설로 뽑히기도 했습니다.

『바틀비』는 인간 존재와 관계에 대한 근원적 질문을 하는 작품입니다. 그 층위가 다양하고 복잡한 작품입니다. 주인공 바틀비에게는 고립, 소외의 모습이 있습니다. 이 인물을 통해 자본주의에 관한 문제, 피로, 정신질환의 문제까지도 읽어낼 수 있습니다. 책의 부제는 월 스트리트의 한 필경사 이야기지요. 월 스트리트는 자본주의의 상징이라고도 할 수 있는 곳입니다. 바틀비는 그곳에서도 아주 무의미한 작업을 반복하는 필경사라는 직업을 가지고 있습니다. 사실 인간의 노동은 같은 일을 반복할 수밖에 없는 부분이 분명히 있습니다. 그중에서도 필경사의 경우에는 남의 문서를 같은 형식으로 글자 그대로를 베끼는 작업을 반복합니다. 그런데 바틀비의 모습은 인간의 실존적인 상태를 나타냅니다. 우리 모두 바틀비와 같은 인간이라는 겁니다. 여러분도 매일 아침에 일어나서 학교에 가고 목표를 향해 공부하거나, 학원을 가거나 시험을 치는 것을 반복합니다. 우리 모두는 바틀비적 상태에 놓여 있다고 보면 될 것 같아요.

그런 상태를 벗어날 수 있는 혁명적 힘을 가지고 있는 '바틀비적 태도'를 알려드리고자 합니다.

"I would not prefer to."

나는 그렇게 하는 것을 선호하지 않습니다.

"I would prefer not to."

나는 그렇게 하지 않는 것을 선호합니다.

아래 문장이 바틀비적 태도입니다. 이 두 문장이 크게 차이가 나지 않는다고 생각할 수도 있습니다. 왜냐하면 큰 맥락에서 '하지 않는다'는 것은 같으니까요. 다만 바틀비가 말하는 I would prefer not to에서 would는 의지의 표현입니다. 무언가를 안 하기를 강렬히 의지하고 원한다고 하는, "그거 싫어요"라고 말하는 것이 아니라 그것을 하지 않기를 강렬히 바란다는 문장입니다. 큰 틀에서 보면 두 개의 의미는 비슷하겠습니다만, 아주 미묘한 뉘앙스의 차이가 있습니다. 바틀비라는 인물이 취했던 궁극적인 태도, 즉 일하지 않는 선택을 함으로써 긍정적인 본인의 결단이 그 안에 있다고 볼 수 있다는 거죠. 조금 더 풀자면 바틀비는 그렇게 하지 않는 것이 좋겠다고 판단한 것입니다. 수동적으로 "하기 싫어요, 안 할 거예요"라고 한 게 아니라 하지 않는 선택을 내가 함으로써 새로운 잠재성과 가능성을 열었다고 평가를 받고 있습니다.

바틀비적 태도는 아주 다양한 의미에서 새롭게 이해되고 해석되었습니다. 바틀비라고 하는 인물은 아무것도 하지 않았어요. 그 어떠한 것도 하지 않은 상태로 스스로를 두었다는 거죠. 그 말을 역으로 이해하자면, 아무것도 하지 않았기 때문에 모든 것을 할 수 있는 상태로 자기를 두었다고 볼 수 있습니다. 예를 들어, 청소년 여러분은 성인으로 해야 하거나 할 수 있는 무언가를 아직 하지 않은 상태에 자신을 두고 있습니다. 그렇다면 여러분은 아직까지 무언가를 하지 않은 상태라고 말할 수도 있고 동시에 거꾸로 무엇이든 할 수 있는 상태라고 말할 수도 있겠죠. 조르조 아감벤이라는 철학자는 바틀비를 절대적인 잠재능력, 절대적인 가능성의 존재라고 말합니다. 아무것도 하지 않았기 때문입니다. 절대적인 자유란, 아무것도 하지 않았기 때문에 무한한 가능성에 놓여 있다는 사실에 주목할 필요가 있습니다.

자신의 특이성과 개성을 지키는 사람

사실 바틀비라는 인물은 아주 특이한 인물이죠. 여러분의 삶에서 별의별 특이한 사람을 많이 만나봤겠지만 바틀비만큼 초지일관 본인의 태도를 유지하는 사람도 드물 것입니다. 바틀비는 그런 의미에서 본인의 신념을 끝까지 관철시켜 체제 자체를, 그 공간의 분위기를 완전히 교란하는 특이성을 가지고 있습니다. 우리도 그런 특이성을 갖고 있습니다. 특이성을 다르게 말하면 개성인데 여러분이 한 사회의 문화를 경험하고 거기에 익숙해져서 잃어버리는 것 중 하나가 특이성과 개성입니다. 바틀비적인 태도, 내가 이것을 하지 않는 걸 선택하겠다는 말의 의미는 끝까지 본인의 개성, 본인의 선택을 관철시키겠다고 하는 그런 의지의 표현이기도 합니다.

바틀비를 통해 배울 수 있는 여러 가지 중 하나가 바로 이 특이성, 즉 내 안의 목소리를 끝까지 관철하겠다고 하는 개성, 나는 내가 선택한 이 길을 가겠다고 하는 태도입니다. 바틀비는 직업을 잃고 길바닥에 나앉을 때까지 본인의 특이성을 끝까지 관철한 사람입니다. 이 소설에 많이 등장하는 문장 중 하나가 "미친 거 아냐?"라는 표현입니다. 그런데 여러분, 살면서 이런 표현들을 들어보셨나요? 혹시 몇 번쯤 들어보셨나요? 이 말을 듣는 것을 우리는 부끄럽게 생각하지만, 달리 생각해보면 이런 말을 듣는 것이 나의 특이성을 유지하는, 나의 개성을 누군가에게 여과 없이 드러내는 결과가 아닐까 생각합니다. 그래서 여러분이 바틀비적인 태도를 갖는 건 아주 중요합니다.

기존의 방식에 저항하라

바틀비적 태도가 중요한 또 하나의 이유는 바로 바틀비가 상사의 요구이자 명령에 저항했다는 점입니다. "아니요, 저는 그렇게 하지 않는 것을 선호합니다"라는 말은 명령을 따를 거냐, 안 따를 거냐의 문제가 아니고 저항의 목소리를 내는 것이라고 할 수 있습니다. "그렇게 하지 않는 게 좋겠습니다"라는 대답은 저항의 의미이고, "그러면 어떻게 해야 하지?"라는 새로운 선택지를 생각해내게 만드는 것입니다. 일례로 대한민국의 청소년들은 대학의 문턱을 넘기 위해서 많은 시간을 할애해 공부를 하죠. 스위스 같은 나라에는 고등학교를 졸업한 학생 중에 대학을 가는 학생이

50%도 채 안 됩니다. 그런데 우리는 고등학교를 졸업한 학생 중에 70%가 넘는 다수의 학생이 대학을 가니까 당연히 대학을 가야 한다고 생각하지, 대학을 안 가는 선택을 머릿속에 그리지 않습니다. 불가피하게 대학을 못 가거나, 가지 않고 다른 선택을 하거나 혹은 생계를 위한 생활전선에 내몰리는 청소년을 제외하고 대부분 학생은 대학을 갑니다. 그런데 대학을 가지 않겠다는 선택을, 그런 목소리를 실제로 낸 사람이 있었습니다. 2000년대 초반에 대학교 거부 운동이 일어나기도 했으니까요. 그러니까 내가 거부를 함으로써, 대학에 가지 않는 것이 좋겠다는 새로운 가능성에 이른다는 것입니다.

여기서 중요한 점은 대학 가면 성공, 아니면 실패라는 이항대립이 아니라 대학에 가지 않고도 더 나은 삶이 가능할 수 있을 것이라는 새로운 가능성에 이른다는 것입니다. 바틀비적 태도는 변증법적으로 보자면 어떠한 명제와 그 반대 명제 모두 넘어선 새로운 가능성을 의미하는 것입니다. 그래서 순수하다는 것은 새로운 가능성이 생긴다는 뜻입니다. 그 선택을 내가 하지 않음으로써, 대학에 가지 않고도 훌륭한 삶이 충분히 가능하다는 것을 내가 선택하고 결정하는 것이죠. 공동체 내에서 균열을 만들어내는 것입니다. 다만, 그 선택에는 위험이 따릅니다. 위험이 따른다는 점에서 그 선택은 전복적인 것이고 정치적인 것입니다. 그렇기 때문에 더 훌륭한 선택이 될 수 있겠죠. 대학에 가는 선택은 다수가 하는 선택이고 안전한 선택이지만, 많은 사람이 가지 않는 길을 선택하는 것은 전복적인 것이고 정치적인 것이자, 혁명적인 것이며 새로운 가능성을 만들어낼 기회입니다.

자신의 운명을 자신이 결정하다 ─────────

바틀비는 "저는 그렇게 하지 않는 것을 선호합니다"라고 말합니다. 그 말의 뉘앙스를 조금 더 이해해보면 '나는 이게 싫어요'라고 말하는 게 아닙니다. '싫어요'라는 것은 감정을 어딘가로 투사하는, 쏘아붙이는 게 됩니다. 그것은 일종의 혐오가 갖는 감정구조와 비슷합니다. 그런데 바틀비는 싫은 것이 아니라 다른 선택이 더 좋다고 말합니다. 혐오라고 하는, 싫다는 감정을 어떤 대상에 투사하는 게 아니라 그것으로부터 벗어나는 다른 것을 선호할 것이라는 자유의 감정에 가깝습니다. 자신이 원하지 않는 것을 거둬서, 자신이 선호하는 다른 쪽으로 향하게 만든다는 점에서 그렇습니다.

마지막으로, 바틀비적 태도의 잠재성에 주목하면 좋겠어요. 그걸 학자들은 역량과 역능이라는 단어로 씁니다. 바틀비에게 필경, 그대로 베껴 쓰는 명령이 주어졌어요. 여러분도 공부를 열심히 하라고, 대학에 가라고 명령이 주어지는 것이죠. 그 명령에 거부하는 것, 저항하는 것은 쉬운 일이 절대 아니에요. 바틀비는 그 저항을 성공적으로 이룬 사람이죠. 여러분에게도 그런 저항의 용기가 필요한 순간이 삶에서 분명히 있을 거예요. 우리는 그 선택을 하기 참 어렵거든요. 그런데 바틀비적 태도로 명령에 저항하는 것이죠. 혹은 불복종하는 것이죠. 불복종하고 저항한다는 것의 의미는 새로운 가능성을 만들어 내는 것입니다. 학자들은 이런 저항을 하는 사람들은 주류가 아니고 비주류에 속한다고 말합니다. 내가 주류에 속하면 저항할 일도 거의 없겠죠. 내가 가진 자, 기득권이라면 저항하기 보다는 순응하는 것이 내 삶에 훨씬 도움이 되고 편안합니다. 하지만 내가 그렇지 않은 입장, 즉 가지지 않은 자들, 몫이 없는 자들, 약자의 편에 서서 저항을 하고 주류적인 목소리에 아니라고 하는 용기를 갖는 것, 청소년이 바틀비적 태도를 통해서 배워야 하는 것이라 생각합니다.

"아니요"라고 하는 바틀비적 태도는 결국 부정을 위한 부정이 아니고 새로운 가능성을 만들 수 있는 부정입니다. 그것이 결국 용기라고 이해할 수 있습니다. 바틀비적 태도를 통해서 용기를 발휘하는 선택, 장소, 목적 혹은 가치가 무엇일지 토론해봅시다.

토론
우리에게 경쟁하지 않을
자유를!

『바틀비-월 스트리트의 한 필경사 이야기』에 나오는 바틀비는 매일 반복되고 의미 없는 작업을 해야 하는 '필경사'입니다. 자본주의의 중심지 월 스트리트에서 필경사는 그야말로 기계와도 같은 취급을 당하는 '인간 소외'의 표본입니다. 생산하는 것 없이, 새롭게 창조하는 일 없이, 누군가의 말을 받아 적기만 하는 한없이 소모적인 삶은 무기력해지기 마련입니다. 삶의 의욕이 없고, 생의 기운이 없는 상태. 그것이 바로 바틀비가 처해 있는 상황입니다.

그러나 소모되는 부품과도 같은 삶에서 바틀비는 "나는 그렇게 하지 않는 것을 선호합니다(I would prefer not to)"라고 말하며 시종일관 무엇인가를 하지 않는 것을 선택합니다. 매우 수동적이고 아무것도 하지 않으려는 이 태도는, 역설적이게도 아무것도 하지 않음으로써 모든 것을 할 수 있는 가능성을 엽니다. 죽음이라는 가장 극단적인 형태로 끝을 맺지만, 바틀비의 태도는 우리에게 수많은 질문을 갖게 합니다. '만약 바틀비가 그 말을 하지 않았다면, 계속 필경사 역할만 했다면 어떻게 되었을까?', '바틀비의 하지 않는 태도는 결국 아무것도 변화를 일으키지 못했다면, 아무 의미가 없는 것 아닌가?', '그럼에도 왜 우리는 이 선택에 많은

생각을 하게 되는가?', '왜 소설 속 바틀비의 말은 현실 세계에 이렇게나 큰 파문을 일으키는가?'

우리 역시 말해야 합니다. 최소한, '이것은 결코 용납할 수 없다'고 말이지요. 그렇다면 무엇을 하지 않는 선택을 할 수 있을까요? 가장 먼저 '경쟁'에 대한 이야기가 떠올랐습니다. 전 세계에 유례없는 인기를 얻은 〈오징어 게임〉을 통해서 생각해보았습니다.

〈오징어 게임〉은 456억이라는 큰돈을 걸고 456명의 사람이 서바이벌 게임을 벌이는 이야기입니다. 생존을 건 종목은 '무궁화꽃이 피었습니다', '달고나 뽑기', '구슬치기', '오징어 게임' 등 어린 시절 누구나 해보았을 놀이지요. 그러나 이 게임에 참여한 사람들의 상황은 그리 즐겁지 않습니다. 모두 돈에 쪼들리고 소위 '실패한 삶'을 살고 있는 상황이기 때문입니다. 그중에서도 이야기는 주인공인 참가번호 456번 성기훈을 따라갑니다. 구조조정으로 실직하고 도박을 하다 돈을 잃은 데다, 가족과 함께하기 위해서는 돈이 필요합니다. 다른 등장인물도 각자 급박한 상황이 있죠. 조상우는 고객의 돈까지 끌어모아서 한 투자가 실패했고, 강새벽은 가족을 북한에서 빼 오기 위해, 알리 압둘은 밀린 임금을 받지 못한 상황에서 사고까지 내는 바람에 다들 돈이 너무나 필요합니다.

그렇게 후퇴할 곳이 없는 인물들이 유일하게 가진 것은 바로 '목숨'이고, 이것을 걸고 게임을 벌인다는 소재가 매력적이었는지, 〈오징어 게임〉은 전 세계에서 유례없는 성공을 거두었습니다. 어쩌면 돈에 대한 절박함과 그들이 돈을 통해 갖고자 했던 행복한 삶에 대한 꿈이 만국 공통이기 때문인지도 모르겠습니다. 그래서 작품이 청소년 관람 불가 등급임에도 각종 매체에서 앞다퉈 관련 내용을 이야기했고, 덕분에 우리 청소년들도 영상을 보지 않고도 어떤 이야기인지 알 수 있었습니다.

그러나 이야기를 들을수록 의문이 생겼습니다. 다른 경쟁자들이 모두 죽고 홀로 1등이 되어 큰돈을 거머쥔 상황에 대해서도, 살아남기 위해 자신을 믿어준 상대를 배신하고 속여야 한다는 것도, 사회로 돌아갈 기회가 있는데도 목숨을 걸고 경쟁에 뛰어든다는 것도 너무 이상했습니다. 한편으로는, '오징어 게임'이라는 이 죽음의 게임이 우리 사회에 벌어지는 상황을 극단적으로 과장한 우화라는 생각도 들었습니다. 드라마 속 끔찍한 일이 현실을 비춘 거울이라면 반성하고 성찰해도 모자란데, 드라마 속 의상을 따라 입고, 게임을 따라하는 것이 유행이 되는 현실이 이상하게 여겨지기도 했습니다.

그래서 〈오징어 게임〉에 대한 이야기를 나누었습니다. 우리가 '오징어 게임'과 같이 타인을 짓밟고 올라가지 않아도 행복할 수 있는 진정한 자유를 어떻게 찾을 수 있을지 함께 고민해보았습니다.

교실 속의 오징어 게임

현우 | 사람들이 〈오징어 게임〉과 같은 작품을 볼 때, 저 상황이 화면 속에서만 벌어지는 이야기이기 때문에 안심하고 더 즐겁게 즐길 수 있었을

우리가 다함께 진정으로 행복하게 살아가려면 어떻게 해야 할까요?

거라고 생각합니다. 하지만 저는 〈오징어 게임〉에 대한 이야기를 들을 때마다 그런 안도감을 느낄 수 없었습니다. 불행하게도 작품 속에 나타난 치열한 생존 경쟁이 우리 학교에도 있다고 느끼기 때문입니다.

예를 들어, 매년 점점 올라가는 인문계 고등학교의 합격선은 학년이 올라갈수록 엄청난 압박이 됩니다. 성적표를 보며 '앞으로 몇 명은 더 젖혀야지 안정권에 들어갈 수 있어'라고 생각하게 됩니다. 그래서 시험을 치기 전이나 친 후에 친구들끼리 이런 말을 주고받기도 합니다. "시험공부 많이 했어?", "시험 잘 쳤어?" 악의 없이 궁금해서 물어보는 친구도 있겠지만, 견제하려는 의도거나 '내가 얘보단 잘 친 것 같은데 한번 물어볼까?', '성적 좀 잘 나왔다고 으스대네? 내가 더 잘 친 것 같은데', '공부는 내가 더 많이 한 것 같은데 이번 시험이 나한테만 어려웠나?'와 같이 숨겨진 뜻이 있는 경우가 대부분입니다. 시험을 전후로 교실에서 〈오징어 게임〉이나 다름없는 심리전이 벌어지는 것이지요.

실제 아래 기사를 보시면, 그런 문제를 저만 느끼는 게 아니란 걸 알 수 있습니다.

"전 세계가 〈오징어 게임〉이 가리키는 불평등 문제에 공감하며 열광하고 있다. 그런데 〈오징어 게임〉의 메타포가 어디 성인들의 삶만을 보여줄까. 우리나라 학생들의 삶은 더 고단하고 치열하다. 〈오징어 게임〉과 크게 다르지 않다. 이제 성적 비관 자살은 더 이상 뉴스거리도 아니다. 죽음만이 문제인가. 수능 3등급 안에 들지 못해 들러리 취급을 받고, 대학 입시 결과로 인해 패배감과 좌절 속에 살아가는 것이 오늘날 청년들의 삶이다. (…)

　대한민국의 교육에서 공정이 중요하게 요구되는 것은 무엇 때문일까? 상대평가 체제에서 타인과 나를 비교하기에 가장 쉬운 구조 속에 놓여 있기 때문이다. 타인과의 비교 속에서 나의 노력은 노력 자체로 존중받기 어렵다. 특히 점수화되지 않는 노력 또는 평가의 대상이 아닌 노력은 쓸모가 없어진다. 대한민국에서 학교는 배움터가 아닌 전쟁터다. 4개국 대학생에게 자국의 고등학교 이미지에 대해 물었을 때, 미국 40.4%, 일본 13.8%, 중국 41.8%가 '사활을 건 전장'이라고 답했는데, 한국은 무려 80.8%에 달했다."

　　— 정지현, 《경향신문》, 「'오징어 게임'보다 더한 학교의 전장 멈춰야」
(2021.11.9.) 중에서

윤영 | 한국의 수치를 보니 충격적인데요. 저도 〈오징어 게임〉의 내용을 듣고, 비슷한 문제점을 느꼈습니다. 〈오징어 게임〉에서는 참여한 사람들이 게임에서 탈락하는 즉시 죽게 됩니다. 그것도 총에 맞아서 말이지요. 학교에서는 그 정도는 아니지만, 공부를 못하거나 시험을 잘 치지 못하면 급식 먹는 순서에 차별을 두거나, 공공연히 성적을 발표해 창피를 주는 등 차별이 일어나고 있습니다. 심지어 공부하지 않는 학생들을 교실에서 수업만 방해하지 않으면 괜찮다는 식으로 아예 방치하고, 없는 사람 취급을 하기도 합니다. 사람의 가치를 성적 경쟁에서 이기느냐에

따라 결정하고 있는 것입니다.

준영 | 사회는 학생들이 학교에 들어가는 순간부터 경쟁할 것을 요구합니다. 어느 순간 그 경쟁에서 아이들 사이에는 따라잡을 수 없는 격차가 벌어집니다. 그리고 한순간 벌어진 그 격차는 나머지 삶을 결정하고, 대부분의 경우 죽을 때까지 좁혀지지 않습니다. 이러한 경쟁의 가장 잔인한 점은, 강요한 사람은 아무도 없지만 모두가 강요받았다는 사실입니다. 경쟁을 벗어난다는 선택지도 물론 있습니다. 그러나 '오징어 게임'에서 벗어났던 참가자들이 제 발로 다시 돌아왔듯, 사회가 정한 경쟁의 틀을 벗어난다는 것은 너무나 많은 것을 포기해야 하는 일입니다.

『난장이가 쏘아올린 작은 공』의 작가 조세희는 여전히 자신의 책이 많은 이들에게 읽히고 있다는 것이 슬프다고 이야기한 적이 있습니다. 마찬가지로 〈오징어 게임〉이 많은 이들에게 호응을 얻은 것은 곧 우리 사회가 경쟁으로 범벅이 되어 있다는 것을 방증하기도 합니다. 우리에게 지금 당장 필요한 것은 '오징어 게임'이 아니라, '경쟁하지 않을 자유'입니다.

승자 없는 현실의 오징어 게임

재경 | 경쟁이 생기는 이유를 쉽게 생각하면, 사람들이 원하는 각자의

꿈과 목표가 있고, 그것을 모두 이루기가 어렵기 때문입니다. 그것이 직업과 관련된 것일 수도 있고, 돈이나 물건이 될 수도 있습니다. 무엇이든지 목표에 도달하기 위하여 남을 이기고 올라가려고 합니다. 이것을 무엇보다 잘 보여주는 작품이 〈오징어 게임〉이지요. 영화에서는 돈을 얻기 위해서 남을 짓밟고 올라갑니다. 사실 456억이면 정말 큰돈입니다. 일을 하지 않고도 평생 쓸 수 있습니다.

그런데 이 작품에서는 그 경쟁의 과정에서 나도, 다른 사람도 모두 하나의 수단이 되어 버립니다. 심지어는 실제 자기 손으로 남을 해치기까지 합니다. 물론, 이런 일이 현실에서도 일어나고 있지요.

준수 | 저 역시 〈오징어 게임〉에서 가장 충격이라고 생각한 것은 참가자를 다루는 게임의 방식이었습니다. 참가자의 모습은 돌덩이와 다를 바 없었습니다. 길을 걷다 발에 채는 돌덩이를 멀리 치워버리듯이, 미션을 다해 내지 못하면, 그들의 생명은 아무런 가치가 없는 것처럼 보였습니다. 그런 환경에서는 게임의 주최자가 아닌 사람들도 서로를 서슴없이 폭행하고 살해합니다. 누군가는 생존자를 줄이기 위해, 또 누군가는 입막음이나 앙갚음을 위해 칼을 휘두르지요. 남을 실제로 해치는 것은 쉬운 일이 아닙니다. 아무리 허용된다고 해도, 인간으로서 존엄성을 스스로 해치는 일이기 때문입니다. 무엇이 이들의 마음속에 끝없는 잔혹함을 심었고, 욕망으로 가득 찬 괴물을 만들었을까요? 저는 자신의 생명과 가치가 그만큼 무시당하고, 존중받지 못했기 때문이라고 생각했습니다.

게임에서 패배해 목숨을 빼앗겼던 참가자들처럼, 생존한 참가자 또한 사회에서 벌어지는 거대한 경쟁의 낙오자였습니다. 학력이 낮아 취직하지 못한 채 빚을 지고 살아가거나, 외국인이어서 공장에서 일하며 부당한 대우를 받거나, 명문대를 졸업했음에도 성공한 삶을 이어나가지 못하는 사람들이 마지못해 선택한 최후의 수단이 '오징어 게임'이었기에, 그들은 다른 사람의 생명 또한 소중하게 여길 수 없었던 것입니다.

원준 | 참가자가 외국인 노동자, 새터민, 빚쟁이, 조폭 등 일반적으로 사회에서 소외되거나 차별받는 사람이었다는 점에서 사람들은 남의 일을 구경하듯 참가자가 살해당하거나 서로 죽이는 장면을 받아들일 수 있었습니다. 그리고 이 모든 일을 설명하는 개연성이 '돈'입니다.

'돈이 궁하니까, 저런 일을 하던 사람이니까 그럴 수도 있다'라는 생각은 반대로 우리 또한 생존 경쟁에 몰렸을 때 얼마든지 다른 사람을 도구처럼 사용할 수 있을 거라는 얘기입니다. 그런 비극을 처음부터 막으려면, 무슨 일이 있어도 저런 끔찍한 일에 동조하지 않을 수 있는 인간성을 기르고, 또 애초에 저런 잔인한 생존경쟁이 우리 사회에서 완전히 사라지도록 해야 합니다.

공정한 경쟁은 존재하는가 ──────────

준영 | 누군가는 이렇게 말할지도 모릅니다. 경쟁은 함께 발전해 나가는 긍정적인 영향을 가지고 있다고요. 물론 경쟁은 긍정적 영향을 주기도 합니다. 그러나 그 경쟁에 상상도 할 수 없을 만큼 큰돈이 걸려 있다면? 내 인생 전체가 그 경쟁에 달려 있다면? 경쟁에서 뒤떨어지는 것이 곧 죽음을 의미한다면? 그 경쟁의 무게는 차원이 다르게 무거워질 것이고, 그 경쟁은 함께 경쟁하며 성장하는 선한 영향력을 끼치는 대신 어떤 방법을 활용해서라도 남들보다 더 빨리 나아가려는 처절한 발버둥이 될 것입니다.

준수 | 어느새 우리 삶의 성패를 판가름하는 가장 중요한 요소가 경쟁의 결과가 되었습니다. 목표가 실제로 좋은지, 얼마나 만족을 주는지에 대해서는 많이 고민하지 않습니다. '일반적으로 좋은 것'은 또다시 경쟁의 목표가 되고, 결국 '절대적으로 좋은 것'으로 거듭납니다. 쉽게 볼 수 있는 전국의 학교 순위표나, 재산 순위 같은 것들을 보면 알 수 있죠.

그러나 이 경쟁에서 우리는 대개 무기력합니다. 국가는 경쟁에서 나가떨어진 이들을 보살피고 다시 기회를 제공할 시스템을 갖추지 못했고, 개인은 잔혹한 상황에 의문을 제기할 넓은 시야와 용기를 지니지 않았기 때문입니다. 사실 우리는 모두 잘 알고 있습니다. 매년 증가하는 학생들의 자살률과 높아지는 우울증 비율, 경쟁하지 않을 자유를 잃어버린 채 살아가는 삶 속에서, 우리는 아직 탈락하지는 않았지만, 탈락하기 싫어 아등바등 달리고 있는 참가자들에 불과할 뿐이라는 것을 말입니다.

윤영 | 경쟁을 하지 않거나 경쟁에 지면 존재의 가치를 증명하지 못하는 것일까요? 우리에게는 경쟁하지 않고, 경쟁에서 지더라도 존중받을 권리가 없는 걸까요? 앞서 말한 바와 같이, 이 게임의 주최 측은 참가자들에게 계속해서 평등과 공정의 가치를 중요하게 여기며, 인생을 바꿀 기회를 제공한다고 주장하지만, 이 게임의 참가자들은 돈을 갚을 능력이 되지 않기에 이 게임을 벗어나는 것이 불가능합니다. 현실에서도 마찬가지죠. 특히 '금수저'가 아니어서 스스로 노력해서 더 좋은 삶을 꿈꾸어야 하는 사람들이 더 강렬하게 경쟁에 몰두하게 됩니다. 이런 강요 속에서 평등과 공정을 외치는 것이 진정으로 약자에게도 평등과 공정이 될 수 있을까요?

단순히 자극적인 설정과 장면에 열광하는 게 끝이어선 안 됩니다. 이 경쟁의 끝에 무엇이 있는지, 이 경쟁은 무엇 때문에 생겼고, 누구의 의도대로 움직이고 있는지, 정말 이게 나의 의지이고 내가 꿈꾸는 것인지 질문해볼 수 있어야겠습니다.

경쟁하지 않을 자유를 외치자!

현우 | 이 문제를 해결하려면 학교에서부터 '오징어 게임'을 멈춰야 한다고 생각합니다. 어른들은 청소년일 때야말로 순수하게 우정을 쌓을 때라고 합니다. 그렇다면 우리는 자유롭게 놀아야 하고, 차별 없이 친구들과 어울려야 합니다. 그런데 한편으로 지금이 중요한 시기다, 이때 준비를 하지 않으면 인생이 힘들어진다, 더 나은 친구를 사귀어서 배우라고 말합니다. 물론 다 맞는 말일 수 있지만, 지금 우리가 무엇을 위한 경쟁인지, 누구를 위한 싸움인지 제대로 질문하고, 행복하게 산다는 것이 무엇인지 고민하지 않는다면 이 시스템을 극복하는 것은 어려울 것 같습니다. '오징어 게임'을 멈추고, 어린 시절을 어린이답게, 청소년답게 살면 좋겠습니다.

준영 | '오징어 게임'이 벌어지는 우리의 교육과 반대에 있는 프랑스의 예시를 하나 소개하려고 합니다. 프랑스의 교육이념 중 하나는 '경쟁하지 않을 자유'입니다. 학생들이 경쟁을 강요받지 않고, 자유롭고 수평적인 분위기에서 성장할 수 있도록 하기 위함입니다. 학생들의 성취에 대해서는 점수로 평가를 매기는 것이 아니라 '잘 했다', '잘 했지만 다음에는 조금 더 노력하라' 등의 성취 정도만 표시하고, 성적이라는 차이가 차별로 이어지지 않도록 항상 유의합니다. 이러한 제도적 장치는 교내에서의 차별적 분위기를 줄이고, 학생들이 성적을 넘어 더 많은 것을 볼 수 있도록 합니

다. 프랑스의 학생들은 이런 환경 아래서 자유란 무엇인지, 평등이란 무엇인지와 같은 가장 중요한 가치에 대해 배울 수 있는 것입니다.

'학업적으로 일정한 수준에 도달하기를 기대하는 것'과 '학업적으로 가능한 한 많은 사람보다 뛰어날 것'을 요구하는 환경에서 학생들의 태도는 완전히 달라질 수밖에 없습니다. 일정한 수준에 도달하기를 기대하는 환경 속에서는 자신의 학업에 집중하며 다른 아이들과 함께 나아갈 수 있습니다. 그러나 그 반대의 상황에서 다른 아이들은 친구인 동시에 한 명의 경쟁자입니다. 온전히 순수한 마음으로 서로를 대하고 우정을 나누어야 할 사이에 이해관계가 끼어드는 순간 순수한 우정을 기대하기는 어려워집니다. '오징어 게임' 속 참가자들처럼, 모두 힘든 상황에 처해 있지만 다른 이들보다는 나은 삶을 살기 위해 발버둥치는 것입니다.

준수 | 이 문제를 극복하기 위해서는 경쟁으로 모든 걸 판단할 수 있고, 경쟁이 공정하게 이뤄진다고 믿는 현실의 '오징어 게임'에 대해 의문을 갖고, 참가자들이 서로를 믿는 노력이 필요합니다. 이 치열한 자본의 경쟁에서도 인간으로서 가치와 존엄을 버리지 않아야 한다는 것에 모두 동의한다면, 이제 만장일치로 게임을 중단시켜야 할 때가 온 것은 아닐까요?

하진 | 네. 우리가 경쟁이 아니라 협력의 태도를 배워야 하는 것은 당연합니다. 저는 2021년 열린 26번째 유엔기후변화협약 당사국총회를 보면

서, 끝없는 경쟁의 세계, 즉 '오징어 게임'의 세계가 만들어온 결과를 목격했습니다.

기후위기가 실제의 삶에 엄청난 영향과 피해를 주고 있지만, 이 피해조차 약소국가가 훨씬 크게 받고, 환경오염의 주범인 선진국은 책임을 회피하려고 합니다. 〈오징어 게임〉과 현실의 가장 큰 차이는, 현실에는 아무런 승자가 없다는 것입니다. 전 인류가 협력해 탄소 배출을 줄이지 못하면, 모두가 진짜로 죽을 수밖에 없습니다.

이를 위해 탄소 배출 감축에 대해 국가나 기업이 바뀌기를 마냥 기다리지 않고 우리 모두가 해결할 수 있다는 인식을 받아들여야 한다고 생각합니다. 개인이 조금 귀찮거나 더 비싸더라도 무엇이 환경과 미래를 지키는 일인지 인식하며 소비할 때, 기업도 국가도 생산방식과 정책을 바꾸는 노력을 하지 않을까요? "정말 아직도 사람을 믿나?" 〈오징어 게임〉 중 한 등장인물의 대사입니다. 저는 여기에 우리 모두 입을 모아 "나와 내 주변 사람들을 믿는다"라고 대답하고 싶습니다.

준영 | 〈오징어 게임〉이 우리에게 알려주는 것은, 우리 사회가 처절한 경쟁을 바탕으로 이루어져 있다는 것입니다. 우리 사회는 끊임없이 이 불합리한 경쟁을 강요하고, 우리는 끊임없이 참가합니다. 〈오징어 게임〉을 보며 즐겁고 흥미롭다는 생각만 해서는 안 되는 이유입니다. '오징어 게임' 속 우리의 모습을 발견하면 좋겠습니다.

구성원의 다수가 이 경쟁에 참여하기를 거부한다면, 우리 사회의 '오징어 게임'은 사라질 것입니다. 우리는 지금까지 서로에게 참여하기를 강요받지만, 동시에 강요하며 살아왔습니다. 이 고리를 끊어내는 방법은 함께 경쟁으로부터 벗어나는 길뿐일 것입니다.

윤영 | 마지막으로 실패한 인생은 없다고 말하고 싶습니다. 어떠한 시도와 도전에 실패할 수는 있습니다. 하지만 인생은 실패할 수 없습니다. 우리는 늘 다양한 성공과 실패를 반복하고, 그것을 어떻게 받아들이는지를 선택하며 살아간다고 생각합니다.

물론, 앞서 이야기한 것처럼 과도한 경쟁 시스템으로 한 번의 실패가 인생을 너무 크게 좌지우지하는 것은 사실입니다. 그렇기 때문에 정말로 중요한 것은 스스로에게 경쟁하지 않을 자유를 허락하는 것이라고 생각합니다. 타인과 끊임없는 비교를 그만두고, 수치화되고 정량화된 순위나 점수에 따라 자신의 가치와 존엄성을 부여하는 것을 멈춰야 합니다. 나부터 존재하는 모든 것의 존엄성을 느끼고 살아갈 수 있기를 절실히 바랍니다.

청소년들은 빠르게 변화하는 사회 속에서 수많은 변화와 갈등을 겪을 것입니다. 그러나 경쟁이나 다른 사람의 시선에 자신을 내던지거나, 혹은 물질적인 것에만 목매다는 삶은 살지 않아야 할 것입니다. 그래서 저는 청소년들이 자신만의 색깔을 가졌으면 좋겠습니다. 제가 생각하는 청소년의 색깔은 우선 초록입니다. 초록은 다양성을 배우고 존중하려는 모든 이들에게 위로가 되는 색입니다. 우리는 끊임없이 아주 다양한 색들로 빛날 것이고, 그 모든 것은 불완전함, 미숙함, 경험 부족을 의미하는 초록에서 시작할 것입니다. 그러나 타인의 정체성을 존중하고 이해하고자 노력한다면, 우리 앞에 펼쳐질 색은 우리가 볼 수 있거나 상상할 수 있는 색을 넘어서 아주 다양할 것입니다.

┌─ **더 읽어볼 책** ─┐

· 『**나는 독일인입니다**』, 노라 크루크 지음, 권진아 옮김, 엘리, 2020
· 『**능력주의와 불평등**』, 홍세화 외 지음, 교육공동체벗, 2020
· 『**데카메론 프로젝트**』, 마거릿 애트우드 외 28인 지음, 정해영 옮김, 인플루엔셜(주), 2021

작고 위대한 목소리

"아마도 대부분의 경우 건강과 부가 행복을 가져다준다고 생각하실 겁니다. 그러나 부탄에서 건강과 부는 여러분이 아는 의미와는 다릅니다. 많은 사람이 부라고 하면 물질적인 부를 떠올릴 것입니다. 은행에 돈을 얼마나 가졌는지, 어떤 차를 타는지 등이요. 하지만 그런 부를 많이 가질수록 오히려 집착하게 되며 더 고통받을 것입니다. 반면, 부탄에서 부는 만족입니다. 내가 가진 것에 얼마나 만족하는지가 부탄에서 부의 척도입니다."

| 함께 읽은 책 |

『왜 주인공은 모두 길을 떠날까?』, 신동흔 지음, 샘터사, 2014

| 함께 본 영화 |

〈교실 안의 야크〉, 파우 초이닝 도르지, 부탄, 2019

세상을 가득 메운 아름다운 노래 —————————

2021년 8월 21일, 파우 초이닝 도르지를 2021 어린이 · 청소년 문학
포럼 〈작고 위대한 목소리〉에 온라인으로 초대했습니다. 파우 초이닝 도
르지는 부탄의 한 젊은 교사가 산골 마을 루나나에서 진정한 행복을 찾
는 영화 〈교실 안의 야크〉를 만든 영화감독입니다. 부탄에서는 이야기를
들려달라고 말할 때 '매듭을 풀어주세요'하고 말한다고 합니다. 당신의
이야기가 당신께만 머물러 있는 것이 아니라 밖으로 나갈 수 있게 자유
를 준다는 의미이지요. 〈교실 안의 야크〉의 감독인 파우 초이닝 도르지는
매듭을 푸는 사람입니다. 사진으로, 영화로 자신 안의 이야기를 풀어내고
있지요. 그에 반해 우리는 이야기를 풀어내기는커녕 내가 가진 이야기조
차 찾지 못하는 경우가 많습니다. 하지만 우리 역시 삶을 살아가고 있기
에 분명 이야기를 가지고 있습니다. 파우 초이닝 도르지의 이야기를 들
으며 자신의 매듭을 찾고 좋은 이야기를 풀어내어 보시길 기원합니다.

매듭을 푼다는 것은 —————————————————

안녕하세요. 한국 청소년 여러분을 만나 반갑습니다. 저에게 한국, 특
히 부산은 굉장히 특별한 곳입니다. 저의 영화를 무척 사랑해주는 곳이
기 때문입니다.

저는 부탄 동부에서 태어났습니다. 이 지역에서는 누군가에게 이야기

를 들려달라고 부탁할 때 '매듭을 풀어주세요' 혹은 '함께 매듭을 풀어주세요'라고 말합니다. 부탄에서 매듭을 푼다는 것은 묶여 있는 것을 풀어주고 자유를 부여한다는 뜻입니다. 스토리텔링이라는 예술을, 경험 등 이야기를 들려주는 행위를 부탄에서는 자유를 선사하는 행위로 봅니다. 이런 매듭을 푼다는 것은 불교와 밀접한 연관이 있습니다.

부탄에서는 인간의 삶 자체가 무지개와 같다고 말합니다. 무지개는 물, 태양, 햇빛 등의 조건이 모두 잘 어우러졌을 때 이루어지는 궁극의 아름다움입니다. 그런 생생한 아름다움이 삶이라고 봅니다. 무지개를 떠올리면 대부분의 사람은 무지개가 일시적이어서 금방 사라진다고, 그래서 슬프다고 말합니다. 그러나 정반대의 사람도 있습니다. 곧 사라질 것이지만 그 짧은 순간에 카메라를 꺼내 사진을 찍습니다. 우리의 삶이란 것도 그런 것이 아닐까요? 잠깐의 아름다운 순간을 충분히 즐기는 게 중요하지 않을까요? 불교의 가르침은 바로 이런 것입니다.

삶이란 행복을 향한 움직임이다

'부탄'이라는 단어는 '행복'과 같은 의미로 받아들여집니다. 제가 어느 나라에 가든 부탄에서 왔다고 하면 사람들은 제게 "너는 행복한 사람이겠구나"라고 말하지요. 부탄에서 행복에 대한 말을 할 때 '셈참드루아'라고 말하는데요, '셈참'이란 지각이 있고 느낄 수 있는 존재를 의미합니다. 곤충부터 인간에 이르기까지 모든 생명체를 일컫지요. 심지어 코로나 바이러스도 생명체라고 할 수 있습니다. 이런 생명체의 움직임을 우리는 행복을 향한 움직임이라 말합니다.

제가 있는 부탄에서 행복의 목적은 지극히 추상적이고 정의하기 어려운 것입니다. 행복이 무엇인지, 불행은 무엇인지 정의하려 하는 이분법적인 사고를 하지 않습니다. 아마도 대부분의 경우 건강과 부가 행복을 가져다준다고 생각하실 겁니다. 그러나 부탄에서 건강과 부는 여러분이 아는 의미와는 다릅니다. 많은 사람이 부라고 하면 물질적인 부를 떠올릴 것입니다. 은행에 돈을 얼마나 가졌는지, 어떤 차를 타는지 등이요. 하지만 그런 부를 많이 가질수록 오히려 집착하게 되며 더 고통받을 것입니다. 반면, 부탄에서 부는 만족입니다. 내가 가진 것에 얼마나 만족하는지가 부탄에서 부의 척도입니다.

제가 어떤 농부의 손을 사진으로 찍었는데, 그 손을 보면 찢기고 짓이겨져 있습니다. 옥수수를 기르기 위한 역사와 세월의 흔적을 담고 있지요. 제가 옥수수를 먹을 때 이런 고난의 과정을 거쳐 먹는다면 얼마나 맛있겠습니까. 부탄 중앙지역의 굉장히 외진 지역에 갔을 때 만난 농부 이야기도 있습니다. 그분이 제게 점심을 함께하지 않겠느냐고 물어 저는 함께 식사할 수 있다면 굉장히 영광이라고 답했지요. 한 시간쯤 지나자 이분께서 먹을 수 있는 잎들을 숲속에서 골라 오셨습니다. 풀이 너무 많아서 다 먹으면 소가 될 것 같다고 생각할 정도였어요. 이런 이야기가 바로 부탄에서 말하는 부에 가장 부합하는 이야기가 아닐까 생각합니다.

또, 건강에 대해 말씀드리려 합니다. 흔히 우리는 물리적인, 신체적인

옥수수를 기르는 농부의 손

건강함을 먼저 떠올립니다. 부탄에서 건강을 이해하려면 불교적 의미를 살펴야 하는데, 불교에서 말하는 진정한 건강이란 마음의 건강입니다. 마음의 건강은 영원한 것은 없다는, 즉 필멸에 대한 인식을 수용하는 것입니다. 마치 무지개가 사라지지만 그 와중에서도 감사함과 아름다움을 느끼는 것처럼 인간의 필멸성을 인식하는 것이 부탄 사람들의 건강에 대한 이해입니다.

　마을에서 한 시간 넘게 떨어진, 이틀은 걸어야 도착할 수 있는 산골 마을에 간 적이 있습니다. 그곳에는 딱 두 명이 살고 있었는데요, 한 소녀와 그녀의 어머니였습니다. 두 사람은 제게 자신의 삶에 대한 엄청난 이야기를 들려주셨습니다. 원래는 소녀의 온 가족이 마을에 살았지만, 아버지가 돌아가시면서 어머니가 일을 대신하게 되었고, 딸은 기숙학교로 가게 되었다고 합니다. 그런데 딸이 기숙학교에서 늘 울고 슬퍼했습니다. 이 소녀에게 친구들과 기숙학교에서 사는 게 더 재밌지 않냐고 물어보았더니 엄마와 함께 있는 것이 더 좋다고 답했습니다. 학교에서 창밖을 보면 산속에서 혼자 있을 엄마가 느낄 고독, 외로움도 느껴지고 어머니가 계신 온 산골 마을이 불에 타는 상상을 하기도 했다고요. 그래서 지금은 매일 아침 1시간을 걸어 학교에 가고 1시간을 걸어 돌아오는 생활을 하고 있다고 합니다. 이 소녀가 제게 아주 큰 영감을 주었습니다. 〈교실 안의 야크〉에서 마을에 남아 야크 똥을 치우고 가족들을 먹여 살리는 '살돈'이라는 인물이 바로 이 소녀에게 영감을 받아 만들어졌습니다.

자연을 닮은 이야기

부탄은 자연과 아주 밀접한 관계를 맺는 삶을 추구합니다. 나무를 베면 여러분은 체포될 것입니다. 부탄은 전 세계에서 가장 많은 국립공원이 있는 나라이며 아름다운 동물들이 사는 나라입니다. 최근에는 어린 인도호랑이들이 히말라야를 넘어 부탄으로 왔다고 합니다. 산행도 금지되어 있어 전 세계에서 가장 많은 산봉우리가 인간의 손이 닿지 않은 채 보존되어 있습니다. 부탄 사람들은 산을 올라야 하는 곳이 아닌 지켜야 하는 곳이라 믿기 때문입니다.

부탄의 신화 속에는 동물에 대한 이야기가 많습니다. 부탄의 국기에도 그려져 있는 용이나 반은 인간이고 반은 새인 가루다, 눈사자 등 신화적인 동물에 대한 이야기요. 용, 가루다, 눈사자 이 세 동물은 깨어 있는 마음을 뜻하는 상징적인 동물입니다. 깨어 있는 마음이란 용기, 공감, 대범함, 숭고함 등을 가진 마음을 의미합니다. 용이 날기 위해선 하얗고 아름다운 구름이 필요합니다. 가루다가 날기 위해서는 산에 부는 바람이 필요하고요. 눈사자가 산을 누비기 위해서는 산 위의 얼음이 필요합니다. 설빙이 없으면 눈사자가 돌아다닐 수 없을 것이고, 바람이 불지 않으면 가루다가 날 수 없을 것이며, 구름이 없다면 용이 날아오를 수 없을 것입니다. 그러므로 그런 신화적 존재가 사라지지 않도록 얼음과 바람과 구름의 존재를 소중히 해야 합니다. 하지만 안타깝게도 부탄의 아름다운 설원도 지구온난화로 다 녹아내리고 있습니다.

세상에서 가장 아름다운 것들

　제가 히말라야 산맥을 트래킹하던 중 어떤 가족을 만났습니다. 저를 집으로 안내해주며 따뜻한 야크젖을 주기도 했습니다. 밖에 눈이 오고 바위로 길이 험한 와중 문밖을 왔다 갔다 하시기에 그분의 발을 보았습니다. 깜짝 놀랐습니다. 맨발이었거든요. 어떻게 견디고 계실까, 하는 의문이 들었습니다. 저는 튼튼한 고어텍스 신발을 신고 있었는데요. 본인은 맨발로 눈과 바위를 오가는 와중에 자신의 아이에게 신발을 사주는 게 더 중요하다고 말씀하셨습니다. 그 말을 들으며 희생에 대해 생각하게 되었습니다. 저 또한 두 아이의 아버지이기도 한데요, 아이에게 부모가 가지는 희생과 사랑에 대해 저 스스로를 돌아보게 만들기도 했습니다.

　여행 중에 제가 만난 또 한 명의 아름다운 사람은 귀가 들리지 않는 학생들을 가르치는 선생님입니다. 〈교실 안의 야크〉를 만드는 데 가장 큰 영감을 주신 분이기도 합니다. 이분을 만났을 때 정말 엄청난 이야기를 들려주셨습니다. 아무도 없는 히말라야에서 야크 똥으로 불을 지피고 동시에 아이들을 교육하기 위해 야크를 교실 안에 잡아 묶어두고, 칠판이 없어 석탄을 가져다 썼던 일 등 당신이 겪은 모든 일에 관해 말씀해주셨습니다. 이 이야기를 들으면서 〈교실 안의 야크〉의 이미지가 떠오르기 시작했습니다.

아이에게 신발을 사주기 위해 자신은 맨발로 지내는 아버지의 발

삶의 순간을 느끼고 음미하라

〈교실 안의 야크〉를 보셨으면 아시겠지만 전 세계에서 가장 외진, 외딴 산골 마을의 이야기이고 그곳에 사는 아이들의 모습이 담겨 있습니다. 이 영화를 보고 미국에서 아이들이 펜팔형식으로 편지를 써 루나나 아이들에게 보내기도 했습니다. 특히 지금 어려운 시기를 보내고 있기 때문에 우리에게 중요한 것은 서로 화합하고 협업하고 함께 노력하는 것입니다. 서로 더 가까이 노력을 함께 나눌 기회가 있길 저도 희망합니다.

여러분은 굉장히 운이 좋은 환경에 있습니다. 한국, 특히 부산에서 살고 있기 때문에 주변에 예술을 접할 기회가 도처에 널려 있다고도 할 수 있죠. 저는 도서관이나 영화관 하나 없는 산골 마을에서 나고 자랐습니다. 하지만 제 이야기가 여러분께 가닿고 우리가 만날 수 있게 된 것처럼 여러분 주변에 있는 예술적 경험을 만끽하고 영감을 많이 얻길 바랍니다. 항상 호기심을 잃지 말고 예술적 탐구를 멈추지 않길 바랍니다. 제가 맨 처음 이야기한 것처럼, 매듭을 푸는 노력을 끊임없이 할 수 있길 바랍니다. 삶은 무지개처럼 흘러가는 것입니다. 그렇기 때문에 삶의 순간에서 충분한 행복과 기쁨을 음미하고 아름다움을 만끽할 수 있길 바랍니다.

영화 〈교실 안의 야크〉는 행복의 나라 부탄에서 일상의 지루함에 젖어 있던 교사 유겐이 산골 마을 루나나에서 겪는 아름다운 변화를 그리고 있습니다. 해맑은 아이들의 눈동자와 따뜻하게 울려 퍼지는 야크의 노래를 듣고 호주로 떠날 생각뿐이던 유겐은 삶의 열정과 기쁨을 되찾습니다.

겨울이 와서 루나나를 떠난 유겐은 그토록 바라던 호주로 가서 원하던 대로 노래를 부르게 되지만, 웬일인지 행복해 보이지가 않습니다. 그곳의 누구도 유겐의 노래에 귀 기울이지 않지요. 그러던 유겐은 루나나에서 배웠던 '야크의 노래'를 부릅니다. '야크의 노래'는 목동이라면 누구나 부르는 노래이기도 하지만 목동이 아니어도 누구나 부를 수 있는 노래, 세상을 위해 바치는 노래라고 합니다. 검은목두루미가 꼭 누구에게 들려주기 위해 노래를 부르는 게 아닌 것처럼요. 루나나 마을 사람들이 세상에 바치는 노래를 부른 덕분에 부탄의 산골 마을은 평화롭고 순수한 것일지도 모릅니다.

유겐은 어떤 마음으로 호주로 떠났을까요? 왜 아무도 노래를 들어주지 않던 상황에서 '야크의 노래'를 불렀을까요? 유겐의 마음을 헤아려보며 우리가 부르고 싶은 노래는 무엇인지 이야기해보았습니다.

주인공은 모두 어디로, 왜 떠나갈까?

이동윤(15세)

유겐은 처음에 강제로 루나나로 가게 됩니다. 그곳에서 그는 자신이 원하던 세련된 도시와 가장 반대되는 모습을 마주합니다. 하지만 루나나에서 유겐은 행복해 보입니다. 심지어 떠날 때가 다가오자 망설이는 것처럼 보였습니다. 유겐의 오랜 바람대로 원하던 도시에서 자신이 부르고 싶던 노래를 부르게 되지만 그는 행복해 보이지 않습니다.

많은 이야기 속에서 주인공들의 길 떠남은 항상 성공적이고 행복한 결말을 맞습니다. 그러나 현실에서 사람들은 어려움과 슬픔을 겪는 경우가 많습니다. 사람들은 과거를 그리워하고 자신의 선택을 후회합니다. 하지만 시간을 되돌릴 수는 없습니다. 대신 행복하고 즐거울 때보다 힘들 때 극복하고 부딪히며 더 많은 것을 배울 수 있습니다.

유겐 또한 힘들고 어려운 루나나에서 많은 걸 배울 수 있었습니다. 호주로의 떠남은 설레었지만, 막상 그곳에서의 생활은 지루한 일상이었습니다. 그러나 유겐은 루나나에서 배운 걸 바탕으로 좌절하기보다 새로운 도전을 이어갈 것입니다.

이윤영(14세)

유겐은 루나나와 호주로 두 번 길을 떠납니다. 루나나에서 그는 삶의 진정한 의미를 찾은 것 같아 보였지만, 어려서부터 그토록 원했던 호주에 가기 위해 아름다웠던 루나나의 추억을 모두 묻어버리고 길을 떠납니다. 그런 유겐에게 루나나의 촌장은 "부탄의 젊은이들은 모두 다른 나라에 가서 행복을 찾으려고 해. 전 세계에서 행복지수가 가장 높은 곳을 놔두고 말이지"라고 말합니다.

저는 유겐이 호주에서 '야크의 노래'를 부른 이유가 마침내 호주에 도착하고 나서야 촌장님의 말뜻을 이해했기 때문이라고 생각합니다. 자신이 진정으로 원했던 행복은 먼 곳으로, 아름다운 해변으로 떠난다는 그 자체로 찾아지는 것이 아니었습니다. 행복은 자신의 내면의 목소리에 귀기울이고 주변 사람들과 어울려 살아가고, 자신을 둘러싼 모든 세계를 사랑하고 공경하는 마음에서 온다는 걸 깨달은 것이죠.

우리가 부르는 '세상에 바치는 노래'

김지윤(14세)

저는 아직 '세상에 바치는 노래'를 불러본 적이 없습니다. 그냥 흘러가는 대로, 하라는 대로 살면서 내가 스스로 무엇을 바친다는 생각을 해본 적이 드뭅니다. 만약 노래를 부른다면, 나와 같은 사람들에게 스스로 고민하고, 결정하고, 행동할 수 있는 힘을 줄 수 있는 노래를 부르고 싶습니다. 당장 어떤 변화가 없더라도, 영화에 나오는 루나나 마을 사람처럼 그냥 세상에 바친다는 마음으로 노래하다 보면 언젠간 어떤 사람들이 나의 노래를 듣고 희망이 생겨 용기를 얻을 수 있을 것입니다.

이강욱(14세)

우리 사회에는 수많은 사람이 있습니다. 그러나 다양성을 받아들이기 꺼려하는 인식 때문에 이 세계가 차별과 아픔으로 멍들고 있습니다. 그래서 전 세계의 아픔을 치유하는 노래를 부르고 싶습니다. 우리 한 명 한 명의 상처와 그 상처를 보듬어주는 가사를 담고 싶습니다. 그리고, 각자의 아픔을 모두가 공감할 수 있을 때, 우리가 부르는 슬픔과 위로의 노래가 이 세상에 널리 울려 퍼질 수 있을 거라고 생각합니다.

임서희(14세)

제가 앞으로 부르고 싶은 노래는, 동물, 식물, 곤충을 위한 노래입니다. 요즈음 동식물이 이유도 모른 채 많이 죽어가고 있습니다. 환경오염, 식용, 모피, 플라스틱…. 그렇기에 이 노래의 가사에는 동식물이 인간 때문에 죽어가고 있다고, 미안하지 않느냐는 내용이 들어가면 좋겠습니다.

사람들이 단순히 불쌍하다, 미안하다는 감정이 아니라 다른 생명을 걱정하고 염려하는 것이야말로 나의 생명을 가장 건강하게 지킬 수 있는 방법이라는 걸 깨닫게 된다면 이 노래가 세상에서 정말 가치 있는 노래가 될 것입니다.

박수미라(15세)

저는 세상에 불만이 많습니다. 그래서 대부분의 뉴스를 볼 때 부정적이고 삐딱하게 봅니다. 다만 예외가 있습니다. 반려동물이 주인을 구했다든지, 힘든 상황에서 더 어려운 이웃을 도왔다든지, 지구의 미스터리 중 하나를 힘을 모아 연구 중이라든지…. 부정적인 시선을 가진 저를 행복하게 만드는 것은 긍정적이고 따뜻한 세상의 이야기입니다.

그래서 제가 부를 '세상에 바치는 노래'에는 그런 긍정적인 가치와 인류애를 드높이고, 다른 사람을 존중하는 가사를 채워 넣을 것입니다. 세상을 아름답게, 공평하게, 평화롭게, 정의롭게 만들 수 있는 가사도 쓸 것입니다. 세상의 모든 차별과 불평등을 비판하고 성소수자, 장애인 등을 그 자체로 사랑하겠다고 노래할 것입니다. 더 나은 노래를 위해서 계속 가사를 써내려갈 것입니다. 그러다 보면 저의 부정적인 가치관도 점점 긍정의 에너지로 바뀌지 않을까요?

김수희(16세)

제가 만약 제 세계에 갇혀 노래를 부른다면, 성적, 대학, 취업, 돈 같은 얘기로 노래를 채울 것 같습니다. 이 노래는 세상에 바칠 수 있는 순수한 노래가 아니라 나 자신의 안락만을 위해 부르는 이기적인 노래입니다.

만약 세상에 바치는 노래를 불러야 한다면 저는 각자의 꿈을 찾아가는 노래를 부르고 싶습니다. 자신의 꿈을 찾고, 실현하도록 앞으로 나아가는 일은 그 자체로 아름답습니다. 그리고 이 노래가 청소년들에게서 불리기 위해 우리 안의 목소리에 귀를 기울이고 자신만의 꿈으로 각자의 노래를 만들어야 한다고 생각합니다.

최준영(16세)

제가 보는 세상은 숫자로 채워져 있습니다. 숫자는 직관적이기도 하고 표현하기도 쉽습니다. 그러나 우리가 사는 세상을 모두 숫자로 표현하면 보이지 않게 되는 부분이 많습니다. 우리는 성적도 돈도 심지어 사람까지도 모든 걸 숫자로 보는 데 익숙하지만, 그 과정 속에 숫자로 나타나지 않는 것을 놓치고 있습니다.

저는 정의로운 세상을 위해 공존의 노래가 필요하다고 생각합니다. 공존이 아니면 공멸뿐입니다. 계속되는 경쟁은 우리를 피폐하게 만들고 불공정을 초래했습니다. 우리가 남들보다 멀리 가기를 목표로 한다면 결코 오래 지속될 수 없습니다. 그러한 경쟁은 결국 1등만 빼고 모두를 불행하게 합니다. 지금 우리에게 가장 필요한 노래는 공존에 대한 것이고, 공존이야말로 훨씬 더 멀리 나아갈 수 있도록 우리를 이끌 것입니다.

▌ 더 읽어볼 책

- 『**15살 자연주의자의 일기**』, 다라 매커널티 지음, 김인경 옮김, 뜨인돌, 2021
- 『**사라지지 말아요**』, 방윤희 지음, 자연과생태, 2021
- 『**소로의 문장들**』, 헨리 데이비드 소로 지음, 박명숙 옮김, 마음산책, 2020
- 『**크리스 조던**』, 크리스 조던 지음, 인디고 서원 엮음, 인디고 서원, 2019

정의로운
공동체를 위한
연대의 힘

"누구도 소유할 수 없는 곳임에도 바다 바로 앞에 이토록 높은 건물을 짓는 것은 이 바다를 소유하겠다는 뜻과 마찬가지입니다. 하지만 우리는 이런 건물을 멋지다고 이야기하곤 합니다. 우리의 공간이 우리 삶을 나타낸다고 할 때, 이런 난개발과 이기적인 형태가 바로 우리의 삶의 모습이라고 할 수 있습니다."

| 함께 읽은 책 |

『호흡공동체』, 전치형 외 지음, 창비, 2021
『지금은 집을 지을 시간』, 이종건 지음, yeondoo, 2020

우리 모두는 공동체의 일원이다

"미세먼지, 코로나19, 폭염이라는 3중의 위기에 응답하는 일은 과학과 정치가 공동으로 사실과 가치, 지식과 실천, 분석과 돌봄을 연결할 때에만 가능하다. 그 과정에서 우리는 지금까지 상상해온 정치공동체가 실은 '호흡공동체'였음을 깨닫는다. 정치공동체는 함께 호흡하는 사람들, 상상의 공기주머니 안에서 기꺼이 숨을 바꿔 쉬는 사람들이 연결될 때만 존재할 수 있다. 또 호흡공동체는 과학과 정치가 함께 만들어내는 지식, 테크놀로지, 제도, 규범, 윤리 등을 통해 고유한 공기관계를 설정하고 유지한다. 같이 사는 것은 같이 숨 쉬는 것이다. 혼자 쉬는 숨은 없다."

— 전치형 외, 『호흡공동체』, 15쪽, 창비

코로나19로 우리가 공동체적 존재라는 것을 뼈저리게 느꼈습니다. 우리는 전 세계 모든 사람과 많은 것을 공유하고 있지요. 그중에서도 '공기'는 정말 중요한 부분입니다. 공기에 문제가 생기면 호흡하는 모든 존재에게 영향을 미칩니다. 그렇기에 우리는 같은 공기를 공유하는 호흡공동체라고 할 수 있습니다. 그런데 우리는 미세먼지, 코로나19, 폭염과 같은 위기상황에서도 다 함께 문제를 해결하려는 노력 대신, 각자 알아서 깨끗한 공기를 확보하려는 노력만 하고 있습니다. 하지만 좋은 마스크를 쓰고, 에어컨이나 공기청정기를 틀어서 지금 당장은 안전해진다 하더라도, 공기 자체가 깨끗해지지 않으면 그 노력은 일시적인 것일 뿐, 큰 의미가 없게 됩니다. 결국 우리 공동체는 깨끗하고 안전하게 숨 쉴 수 있는 권리를 보장받을 방법을 고민해야 합니다.

전 지구적으로 파괴되고 있는 환경은 우리가 어떤 공동체에 속해 있는지, 이 공동체는 앞으로 어떻게 살아갈 것인지를 묻습니다. 과학기술의 발달로 미세먼지를 줄이고, 코로나19 백신을 개발하고, 계절에 상관없이 쾌적한 실내 환경을 만들 수 있겠지만, 그보다 중요한 것은 호흡공동체의 구성원으로서 우리 사회에 이 혜택에서 소외된 사람들은 없는지, 공동체의 중심으로 더 끌어와야 할 사람들은 누구인지를 생각하는 것입니다. 과학자 전치형 선생님은 과학과 정치가 밀접하게 연결되어 있기 때문에, 우리 사회가 무엇을 지향하고 어떤 기술이 필요한지를 고민해야 한다고 말했습니다.

호흡에 대한 새로운 생각

미세먼지와 코로나19가 우리 사회의 큰 문제로 떠오르면서 마스크와 공기청정기 기술이 발전하고, 판매량 또한 증가했습니다. 우리는 실외에서 마스크를 쓰고 실내에선 공기청정기를 틀어 미세먼지로부터 안전해지고자 합니다. 그러나 이는 문제의 근본적인 해결 방법이 아닙니다. 그저 나 혼자 건강을 유지하거나, 내 주변만을 위한 각자도생의 방법 중 하나입니다.

마스크나 공기청정기를 살 수 없는 사람은 미세먼지의 위협으로부터 벗어나지 못합니다. 이는 커다란 불평등입니다. 삶을 유지하는 데에 기본적인 조건인 안전한 호흡조차 경제적 이유로 보장받을 수 없다면, 우리 사회는 거대한 문제를 겪고 있는 것입니다. 공기로 전파되는 위험은 각자 물건을 사서 회피할 수 있는 문제가 아닌, 전 지구적 차원에서 해결해야만 하는 정치적 문제입니다.

이 문제를 해결하기 위해선 결국 소외된 사람들, 같은 지구에서 살아가는 동식물처럼 약자들의 호흡을 지키려는 노력이 필요합니다. 소외된 생명 없이 모두의 호흡이 평등하고 안전하게 보장되는 세상을 꿈꿔야 합니다.

코로나19가 우리 모두의 호흡을 위협하면서 '사회적 거리 두기'라는 개념이 생겨났습니다. '몇인 이상 집합 금지'라는 형태로 사적 모임이 규제되고, 시설별로 운영 시간과 수용인원을 제한하는 등의 조치가 이루어졌습니다. 학교 수업이나 동아리 활동도 비대면으로 진행하는 경우가 생겨났습니다. 서로 닿지 않고, 만나지 않는 것이 익숙해졌고, 지하철이나 버스에서 기침하는 사람이 있으면 피해야 할 것 같아 등을 돌리거나 자리를 피하기도 했습니다.

코로나19 확산을 막기 위해 확진자의 동선을 조사하고 접촉자를 찾아내는 역학조사도 중요해졌습니다. 역학조사관들은 확진자가 주변 인물과의 거리는 얼마나 되었고, 어떤 공간에서 어떤 시간대에 얼마나 오래 대화를 하였는지를 조사합니다. 전치형 선생님은 이러한 역학조사관을 '공기인류학자'라고 설명합니다. 역학조사는 사람 사이의 공기관계를 조사하는 일이기 때문입니다.

역학조사를 통해 알게 된 중요한 것 중 하나는 콜센터 직원들처럼 열악한 환경에서 일하는 사람들이 감염에도 더 취약한 상황에서 노동하고 있었다는 사실입니다. 전치형 선생님은 이러한 열악한 공기관계를 개선하기 위해 노동 조건을 시간적, 공간적으로 다시 설계하는 '공기지리학'이 필요하다고 말합니다. 공기지리학은 사람과 사람 사이의 관계를 다시 설계함으로써 필요한 물자와 기술을 적재적소에 배치하고 새로운 규범을 만들어내 호흡공동체를 유지하려는 시도입니다.

우리는 어디로 도망치고 있을까요?

점점 더 뜨거워지는 여름. 뜨거운 공기를 피하기 위해 에어컨으로 공간을 쾌적하게 바꾸는 것, 시원한 바람이 부는 공간에서 생활하고 노동하는 것, 피서를 가는 것은 모두 부유한 사람들의 특권입니다. 전치형 선생님은 "가난이 고이는 곳에 열기도 고인다", "가난이란 뜨거운 공기로부터 도망칠 수 없는 상태다"라고 표현했습니다. 코로나19로 인해 에어컨 또한 바이러스를 퍼뜨리는 도구가 되어버렸기 때문에 취약계층이 대피할 수 있는 무더위 쉼터도 폐쇄되는 경우가 많았습니다.

폭염은 인간과 인간의 불평등한 관계뿐만 아니라 인간과 동물의 불평등한 관계 또한 보여줍니다. 축사에 갇혀 있는 동물들은 자신의 공기관계를 선택할 수도 없는 상황에서 폭염 속에 죽어갔습니다. 뜨거운 공기를 피하고 자신의 공기관계를 선택하고 개선할 수 있는 권리는 인간과 동물 모두에게 있습니다. 폭염으로부터 대피하는 것이 일부 인간의 특권이 되어서는 안 됩니다.

과학은 호흡공동체에 속한 우리 모두의 숨을 조이는 뜨거운 공기에 대항하여 공동체의 공기관계를 다시 정비하는 과제에 적극적으로 참여해야 합니다. 폭염에 대항하여 바람의 길을 연구하고 함께 숨 쉴 수 있는 공간을 마련해야 합니다. 이는 주택시공, 조경계획, 도시설계 등의 공간 개선 정책을 통해 반영될 수 있습니다.

그렇다면 여러분은 어떤 곳에서 살고 싶습니까? 지금은 어떤 곳에서 살아가고 있습니까? 인디고 서원 가까이에는 부산의 상징인 광안대교가 있는 광안리 바다가 있습니다. 바다는 아름답지만, 해변을 따라 두서없이 자리한 건물들은 반짝거리고, 어수선하고, 너무나도 조화롭지 않습니다. 광안리뿐만 아니라 또 다른 명소인 해운대도 심각합니다. 해운대 근처에는 높은 빌딩이 점령하고 있습니다. 바다는 개인이 소유할 수 있는 곳이 아니라, 공공의 영역입니다. 누구도 소유할 수 없는 곳임에도 바다 바로 앞에 이토록 높은 건물을 짓는 것은 이 바다를 소유하겠다는 뜻과 마찬가지입니다. 하지만 우리는 이런 건물을 멋지다고 이야기하곤 합니다. 우리의 공간이 우리 삶을 나타낸다고 할 때, 이런 난개발과 이기적인 형태가 바로 우리의 삶의 모습이라고 할 수 있습니다.

우리에게는 더 많은 공공영역이 필요하다 ─────────

조금 다른 도시의 모습을 소개해보겠습니다. 세계 최대 도시라고 불리는 뉴욕입니다. 뉴욕을 항공에서 찍은 사진을 보면 굉장히 독특합니다. 빌딩 사이에 직사각형의 큰 공원이 있습니다. 이곳은 뉴욕 맨해튼에 위치한 센트럴 파크입니다. 센트럴 파크의 면적은 맨해튼 전체 크기의 6% 정도를 차지합니다. 이 공원은 새벽 1시부터 5시를 제외하고는 연중무휴로 열려 있습니다. 누구나 올 수 있어, 연간 4,000만 명이 이용한다고 합니다.

센트럴 파크를 설계한 사람은 프레드릭 로 옴스테드(Frederick Law Olmsted)라는 조경가입니다. 센트럴 파크가 기획될 당시 미국은 전 세계에서 아메리칸 드림을 꿈꾸는 사람들이 몰려오는 문화의 용광로였습니다. 도시의 인구 밀도가 높아지고, 여러 문화가 충돌하니 너무 복잡했습니다. 프레드릭은 도시를 이대로 두었다가는 큰 문제가 생길 것이라고 생각했습니다. 그는 "이곳에 공원을 만들지 않으면 정확히 100년 후 똑같은 크기의 정신병원이 생길 것"이라며 공원을 만들어야 한다고 주장합니다. 뉴욕시에 강력하게 요청해서 땅을 매입하고 공원을 조성했고, 이후 조금씩 확장해나가면서 지금의 센트럴 파크가 만들어졌습니다. 공원을 이용하는 사람은 뉴욕 주민뿐만 아닙니다. 여행자와 이주자들이 자유롭게 찾아 다양하게 융합되는 공간입니다. 벤치만 수천 개일 정도로 아주 넓기 때문에 사람들이 부딪히지 않고 어디든 앉아서 만나고, 이야기를 나누고, 소통하는 공간이 되었습니다.

많은 사람이 이용하며 뉴욕의 상징이 된 하이 라인

뉴욕에서 비슷한 예를 또 찾을 수 있습니다. 바로 '하이 라인(The High Line)'입니다. 이곳은 사용하지 않는 고가철도를 공원으로 조성한 예입니다. 주로 철강을 운송하던 기차가 더 이상 운행하지 않게 되자 고가철도는 잡초가 무성한 흉물이 되었습니다. 고가철도 주변에 있는 땅의 주인과 건물주들은 고가철도를 철거하라고 강력하게 요청합니다. 하지만 도시의 이 공간을 단순히 몇몇 사람에게 유익한 것이 아니라 공공의 것으로 만들 수 없을지 고민하는 사람이 있었습니다. 바로 아만다 버든(Amanda Burden)입니다. 아만다 버든은 2003년부터 2012년까지 뉴욕 도시계획 담당을 했습니다. "도시는 모두를 위한 곳이어야 한다"라는 신념으로 건물주들과 매일 토론하고 협상해 고가철도를 공원으로 만드는 데 성공합니다. 이곳의 연간 이용객이 무려 600만 명이고, 이곳 덕분에 뉴욕의 가치가 더 빛나게 되었습니다. 서울시에서도 이 사례를 모델로 '서울로 7017'을 2017년에 만들기도 했습니다. 이처럼 도시가 모두를 위한 공간이 될 때, 그 좋음은 모두에게 가닿을 수 있습니다. 반면에 소수의 누군가에게만 좋은 공간은 반드시 피폐해지고, 피곤해지고 누군가는 소외당하고 불편해지는 곳이 됩니다.

공공의 공간을 가지는 것은 인간답게 살기 위한 필수적인 조건이기도 합니다. 한나 아렌트는 인간답게 살 수 있으려면 "생명으로 살아가는 것, 자신의 세계를 갖는 것, 이 세계를 말과 행위를 통해 다른 사람과 공유하면서 함께 사는 것"이 중요하다고 했습니다. 나 혼자만 생각하고, 존재하는 것이 아니라, 사람과 사람이 만나고, 서로 다름을 이야기하며 조율해

가는 정치적 영역이 사람다운 삶에 필요하다는 것입니다. 이러한 공적 영역이 없는 인간의 모습은 어떠할까요? 제2차 세계대전 당시 유대인 학살을 주동했던 아이히만과 같이 악의 평범성이 발현할 수 있는 매우 위험한 상태에 이르겠죠. 공공영역은 문제를 제기하는 장입니다. 각기 다른 의견들이 모여 삶으로 뭉쳐지고, 소외된 구성원 없이 자발적으로 참여하고 연대하는 공간으로 공공영역을 인식해야 합니다. 우리 주변의 공간이 그러한 역할을 해내고 있는지를 살펴보면, 우리가 공공영역을 잃어버렸다는 것을 금방 알아차릴 수 있습니다.

아파트 공화국에서 계속 살아갈 것인가

외국인의 시선으로 한국을 보면, 아파트가 무척 많다고 합니다. 그래서 대한민국을 아파트 공화국이라고 부르기도 합니다. 발레리 줄레조(Valérie Gelézeau)라는 프랑스 학자는 한국에 어학연수를 왔다가 아파트를 보고 매우 놀라서 한국의 아파트를 연구했는데, "아파트 버블은 한국 사회의 사회적 구조의 결과다. 한국의 아파트는 사는(live) 곳이 아니라 사는(buy) 곳이 되었다"라고 말하기도 했습니다. 한국에서 아파트는 편안한 안식처보다도 돈을 주고 거래하는 상품이 된 게 사실이죠.

발레리 줄레조가 발견한 외국 아파트와 한국 아파트의 큰 차이는 바로 '단지'라는 개념입니다. 외국 아파트는 담장이나 가림막을 높이 지어서 외부와 차단을 하지 않습니다. 그런데 한국은 길을 가거나 차를 타고

가다가 아파트 단지 하나가 나오면 돌아가야 합니다. 통과해서 가고 싶어도 통과하지 못하게 만들어뒀습니다. 이렇게 단지를 만듦으로써 다른 곳들과 조화를 단절시킵니다. 그것도 부족해서 단지 안에 모든 걸 다 집어넣고 있습니다. 헬스장, 찜질방, 수영장, 피시방, 공부방, 독서실이 단지 안에 다 있습니다. 그런데 외부인의 출입은 금지합니다. 이러한 아파트 단지는 공적 공간이라고 할 수 없습니다. 즉, 공적 공간을 아파트에 거주하는 몇몇 소수가 점거하는 형태가 되는 것입니다. 그러면서 우리의 공적 공간은 방치되고 황폐해지는 거예요. 이것을 사유화라고 표현합니다.

우리에게 필요한 것은 열린 공적 공간입니다. 런던은 도시 안에 아주 아름답고 잘 가꾸어진 공원이 3,000여 개 있습니다. 전체 도시 공간의 40%가 녹지입니다. 그러니 집을 나서면 10분 안에 무조건 어떤 공원이든 갈 수 있습니다. 여기서 더 나아가 런던시는 도시의 녹지 공간을 2030년까지 50% 이상으로 만들겠다고 계획했습니다. 공원은 그 근본 특성 자체가 공적인 공간입니다. 공원뿐만 아니라 정원, 농장, 광장, 시장, 놀이터 이 모든 것들이 공공 공간입니다. 또, 공유지도 있습니다. 옛날부터 있었던 땅이나 강과 같은 자연을 사람들이 마음껏 지나갈 수 있게 해두었습니다. 실제로 가보면 소와 양이 살고, 사슴과 여우도 가끔 볼 수 있는 공간이 도시 내에 있습니다.

한국은 이러한 공유지를 다 없애고 콘크리트를 부어버려서 도시 자체를 자연으로부터 철저하게 소외시켰습니다. 우리가 밟고 있는 땅은 불과 한 30년 전까지도 모두 흙길이었습니다. 이제는 흙길 자체도 없을뿐

더러, 심지어 자연에서 소외된 것이 익숙한 사람들은 흙먼지가 날린다고 싫어하기도 합니다. 하지만 그러한 공간이 사라졌다고 하는 것은 결코 인간이 뿌리내리는 것에 있어서 좋지 않습니다.

공공영역을 확장하는 방법

공공장소가 얼마나 공공화되어 있는지 설명할 수 있는 몇 가지의 척도가 있습니다. 첫 번째 척도는 접근성입니다. 누구나 찾아갈 수 있어야 하고, 들어갈 수 있어야 합니다. 몸이 불편한 사람도, 전동 휠체어를 탄 사람도 갈 수 있어야 합니다.

그다음은 개방성입니다. 열려 있는 공간이어야 합니다. 예를 들어, 런던의 모든 박물관은 전부 무료입니다. 입장료를 내는 것도 개방성에 방해가 되기 때문입니다. 접근성에도 방해가 됩니다. 우리는 입장료를 내는 걸 당연하게 생각하지만, 영국에서는 돈을 내라고 하면 사람들이 의아해합니다. 모두를 위해 개방된 공간인데 왜 돈을 내야 하는지 모르겠다는 것입니다.

다른 중요한 특징은 일상성입니다. 최근 부산시에서 '15분 도시 공원' 정보를 통해 모든 곳에서 15분 거리의 공원을 찾을 수 있도록 돕겠다고 발표했는데, 중요한 지점입니다. 일상생활에서 쉽게 공공영역에 갈 수 있어야 합니다. 바쁘고 지치는 순간, 걸어서 공원과 같이 녹색이 있는 곳을 갈 수 있다면 마음을 정화하고 쉴 수 있을 것입니다.

또 재미있는 특징이 사회성입니다. 서로 만나서 인사와 대화를 나눌 수 있느냐는 것입니다. 사회성을 또 다른 말로 복수성이라고도 표현합니다. 단수가 아닌 복수라는 것입니다. 많은 사람이 한꺼번에 공간을 사용할 수 있다는 것이지요. 인간이라는 존재는 기본적으로 단일하게 존재하는 개별적인 개체가 아닙니다. 복수로 존재해야 하고, 그렇기에 열린 공적 공간도 복수성을 가져야 합니다.

그런 의미에서 연결성이 중요합니다. 사람과 사람, 사람과 동물, 사람과 자연이 연결될 수 있는 공간이어야만 한다는 뜻입니다. 이어서 중요한 특징이 심미성입니다. 아름다워야 한다는 것이죠. 가꾸어서 아름다울 뿐 아니라 자연의 있는 그대로의 아름다움도 보장해주어야만 합니다. 또 다양성도 있습니다. 공간 자체의 특징이 다양해야 하고, 다양한 사람들이 올 수 있어야 한다는 것입니다.

마지막 특징은 지속가능성입니다. 여기서 지속가능성은 공간 자체의 지속가능성만 의미하는 게 아닙니다. 앞서 설명한 연결성, 복수성, 사회성 등이 인간 사회에 끊임없이 이어질 수 있도록 공간을 지속하여야 한다는 의미입니다.

이러한 특징을 가진 공간을 우리가 요구해야 합니다. 우리가 있는 공간은 이 특성들에 얼마나 부합하는지 질문해봐야 합니다. 부족한 면이 많을 것입니다. 하지만 자유롭고 행복하며 안전하고 평등한 사회를 위해 접근성과 개방성, 일상성과 사회성, 연결성과 심미성, 다양성과 지속가능성을 보장할 수 있는 공간을 함께 만들어나가야 합니다.

어떤 공간에 뿌리내릴 것인가?

프랑스 철학자 시몬 베유는 『뿌리내림』에서 뿌리내린다는 것의 의미를 설명했습니다. 시몬 베유애 따르면 뿌리를 내린다는 것은 인간의 영혼에서 가장 중요한 부분으로, 공동체 생활에 함께 참여함으로써 자연스럽게 이뤄지는 것입니다. 이 행위를 여러 가지 단어로 표현할 수 있는데, 영어로는 'locality'라고 합니다. 내가 속한 공동체 내에서 공동체 특성들을 몸속에 체화하는 것입니다. 예를 들어, 부산에서 태어나고 자란 사람이 가질 수 있는 유사한 형태의 특징이 있습니다. 그걸 'locality'라고 하고, 이 특징들을 내 몸 안에 익히는 것이 뿌리내림의 한 특징이라는 것입니다. 체화된 특징은 사람들이 남은 인생에서 고수하게 될 도덕적이고, 지적이고, 정신적이고, 윤리적인 삶에 토대가 되곤 합니다.

나아가 건축가 훈데르트바서(Hundertwasser)는 "당신은 자연의 손님이다. 행동을 조심하라"라는 말을 하였습니다. 공간이라는 곳을 인간이 점유하고 사용할 때, 도대체 이 땅의 주인은 누구냐는 질문을 첫 번째로 던져봐야 합니다. 거슬러 올라가면 이 땅의 주인은 결국 자연이었다는 사실을 알 수 있습니다. 땅이라고 하는 것, 장소라고 하는 것을 생각할 때 훈데르트바서와 같은 고민이 있다면, 우리가 지금과 같은 공간을 가지고 있지는 않을 것입니다. 인간이 뿌리내린다고 하는 것의 가장 근본적인 의미 또, 뿌리내린다고 하는 것의 가장 근본적인 정서와 감각은 자연과 가까이 있는 경험에서 오는 것입니다. 이것이 바로 훈데르트바서가 말하고자 하는 가장 근본적인 감각입니다. 자연에 대한 존경, 생명의 행복 추구, 인간의 정체성에 대한 고민과 같은 표현이 훈데르트바서의 건축물을 수식하는 말입니다. 자연으로부터 나오는 건축물이지요. 그는 한 걸음 더 나아가 임대아파트, 쓰레기소각장, 공중화장실과 같은 태생 자체가 이미 공적인 공간들을 디자인할 때 자연성을 부과했습니다. 대한민국 사회가 아주 급속도로 산업화, 자본화, 도시화하면서 잃어버린 게 바로 이 자연성입니다.

공간과 장소를 건축학자, 지리학자들은 몇 가지 특징으로 구분하고 있습니다. 공간의 한자어 空은 비어 있음을 뜻합니다. 공간이 있다는 것은 채워지지 않은 상태로 있는 것입니다. 그런 의미에서 공간은 보편적이고, 물리적이고, 객관적이라고 표현합니다. 즉, 공간은 나라고 하는 사람과 서로 관계를 맺지 않은 채 별개로 존재하는 것입니다. 실제로 이러한 의미에서 공간은 머릿속에서, 몸 안에서 맺고 있는 관계성 자체가 아주 희박하기 때문에 나에게 특별한 의미를 갖지 않습니다. 그야말로 추상적입니다.

그러나 인간은 장소 의존성을 가지고 있습니다. 의존성의 또 다른 의미는 애착을 갖는다는 것입니다. 그저 일상적인 공간이 우리가 나누었던 정서와 기억을 바탕으로 아주 구체적인 의미를 가지는 장소로 바뀌어서 어느 순간 나에게 다가오기도 한다는 것입니다. 이를 인문지리학자 이-푸 투안(Yi-Fu Tuan)은 "공간에 우리의 경험과 삶, 감정과 애착이 녹아들 때 그곳은 장소가 된다"라고 표현합니다. 공간은 이 세상 모든 곳에 존재하는데 그중에 나에게 의미 있는 곳이 장소가 되는 것입니다.

이-푸 투안은 장소를 "의미의 영토"라고 표현하고 있습니다. 사람들 대부분이 의미를 갖는 곳이 집일 겁니다. 집에서 우리가 가장 많은 시간을 보냅니다. 침대에서 태어나기도 하고, 죽기도 하지요. 집은 굉장히 단순한 건축물이지만 사람들에게 안식처를 제공하고, 보살핌의 영역으로 가장 중요한 기억, 추억과 꿈의 저장소이기 때문에 인간이 뿌리내리는 가장 중요한 의미의 장소가 됩니다. 언제든지 도망가고 싶고, 도무지 뿌리내리고 싶지 않은 장소에서 오래 머무르는 일만큼 불행한 것도 없습니다. 그런데 학생 대부분의 경우가 학교를 벗어나고 싶어한다는 점은 학교라는 장소가 바뀔 필요가 있다는 점을 방증합니다. 우리가 그런 공간을 새롭게 바꿔야 합니다. 공공 공간의 척도에 부합하는 공간이 우리가 사는 땅에 많이 있어야 합니다. 그래야 우리의 정서와 감각이 바뀌게 되는 겁니다.

도시 안의 또 다른 성에 불과한 아파트 단지들과 같은 것들을 없애 나가야 합니다. 도시와 융화되지도 않고, 화합하지도 않는 사유지들을 끊임없이 만들어내는 내 삶 주변의 공간들을 좀 들여다봐야 합니다. 주변의 공간을 잘 둘러보며 나의 공간은 어떻게 형성되어 있고, 어떤 영향을 받아 뿌리내리고, 어떤 정서를 형성해주었고, 형성해줄 것인가에 대하여 진지하고 열정적으로 함께 고민하며 더 아름다운 도시를 만들어가길 바랍니다.

토론

우리는 정의로운 공동체를
꿈꿉니다

전치형 선생님은 과학의 세 가지 역할로 "공공의 과학", "돌봄의 과학", "현재의 과학"을 제시합니다. 공공의 과학이란, "현재의 위기를 우리의 공동 의제로 인식하고 이에 대응하기 위한 공적 자원으로서의 과학"입니다. 돌봄의 과학이란, "우리 사회가 무너지지 않도록 약한 곳을 찾아내고 구멍을 메꾸어주며 우리 사회를 떠받쳐주는 과학"입니다. 현재의 과학이란, "지금 여기의 문제에 응답하는 과학"입니다. 이처럼 과학은 특정 계층을 생각하는 것이 아니라, 사회의 모든 사람을 아우르는 공동체를 위한 과학으로 나아가야 합니다. 책을 읽고 전치형 선생님께서 말씀하시는 "혼자 쉬는 숨은 없다"라는 말의 근거와 과학이 공공성을 가져야 하는 이유에 대해서 생각해보았습니다.

최현우(16세)

저는 과학이 사회가 무너지지 않도록 잡아줄 수 있기 때문에 공공성을 가져야 한다고 생각합니다. 『호흡공동체』에는 감염과 과학이 함께 발전해온 내용이 나옵니다. 감염이 과학과 의학을 발전시키는 아이러니를 보면서 저는 감염에 대한 과학 지식이 공유되지 않았더라면 어땠을지 상상해 보았습니다. 만약 메르스, 코로나 같은 바이러스가 공기를 통해 전파된다는 사실을 일부만 알고 있었다면 어땠을지 상상해보세요. 소수의 사람만이 예방법과 대책을 독점하고, 다수는 재앙에 가까운 감염으로부터 자신의 목숨을 지킬 수 없다는 생각에 무서워졌습니다. 우리의 안전이 보장되지 않은 사회에서는 재난 영화처럼 모든 사람이 이기적으로 행동하는 사회가 될지도 모른다고 생각했습니다.

하준수(15세)

과학은 특권이 되어서는 안 됩니다. 같은 날에도 직종에 따라 체감 온도가 다르고, 가난한 사람들은 열에 더 취약하다는 점은 과학기술이 얼마나 광범위하게 적용되어야 하는지 말해줍니다. 생명을 살리는 것을 목적으로 개발된 기술이 공정하지 않게 사용된다면 그것은 상품에 불과합니다.

우리는 어떤 공동체인가요?

공기는 나와 타인을 이어주는 것입니다. 나의 숨이 곧 다른 사람의 숨이 됩니다. 그렇기에 다른 사람의 숨에 관심을 갖고, 책임감을 가지는 것이 중요합니다. 전치형 선생님의 '호흡공동체'라는 표현처럼 여러분은 우리 사회가 어떤 공동체라고 생각하나요? 호흡과 같이 모든 사람이 공유하는 것, 그리고 우리가 책임지고 해결해야 하는 공공의 문제는 무엇인지 생각해봅시다.

최승원(16세)

우리는 자연환경공동체입니다. 우리에게 주어진 자연환경과 공기에 감사하며 살아야 하지만 사람들은 이를 파괴하고 이익을 위해 행동합니다. 지금 우리에게 주어진 모든 것은 당연한 것이 아닙니다. 우리는 우리가 파괴하고 망쳐놓은 수많은 야생동물의 서식지와 산과 바다를 돌려놓아야 합니다.

서울 남산에는 사랑하는 연인과의 추억을 자물쇠에 써서 걸어놓은 것이 유명했고, 아무도 문제라고 생각하지 않았습니다. 하지만 자물쇠가 눈과 비를 맞고 산화되어 녹이 슬며 산을 오염시키고 있습니다. 자물쇠로 남산을 홍보한 관계자들과 자신의 이익을 위해 그 앞에서 자물쇠를 팔던 상인들, 그리고 추억이란 핑계로 자물쇠를 산 소비자 모두가 남산을 오염시킨 것입니다.

이는 우리가 자연을 파괴한 아주 작은 사례 중 하나일 뿐이고, 이보다 더 심각한 자연 파괴가 많습니다. 사람들은 파괴한 소중한 자연을 직접 되돌려놓아야 합니다.

최현우(16세)

우리는 시선공동체입니다. 우리는 남의 시선을 많이 신경 쓰며 살아갑니다. '이렇게 하면 이상하게 보이지 않을까?', '이렇게 하면 멋져 보이겠지?'라는 생각으로 남들이 나를 어떻게 볼지 생각합니다. 반대로 남이 행동하는 것에도 시선을 보내거나 눈치를 주면서 행동을 저지하기도 하고, 때로는 용기를 주기도 합니다. 우리는 시선 하나로 도덕과 규칙의 울타리를 만들어 살아갑니다.

이 시선공동체의 문제점은 내가 아닌 남에게 내 행동의 중심이 맞춰질 수도 있다는 것입니다. 남의 눈치를 보고 행동하는 것이 아니라 자신을 믿고 행동해야 합니다. 또 이런 사람에게 자신감과 용기를 주어야 합니다.

백수연(21세)

우리는 하천(물)공동체입니다. 모든 생명체는 숨을 쉬고, 물을 마시고, 음식을 먹어야 합니다. 공기 다음으로 중요한 것은 물이라고 생각합니다. 하지만 우리는 물이 흔하고 많다고 생각해 물을 함부로 오염시키고, 소중하게 여기지도 않습니다. 결국 물이라는 자원도 지구 안에서 한정된 자원인 만큼, 모든 생명체가 깨끗한 물을 마실 수 있도록 물을 깨끗하게 지켜야 합니다.

최용준(14세)

우리는 에너지공동체입니다. 지구에는 화력, 수력, 풍력, 태양력 등 에너지를 만드는 여러 자원이 있습니다. 하지만 이 자원이 무한한 것은 아닙니다. 에너지 문제 해결을 위해 가장 필요한 것은 국가적 차원에서 에너지를 효율적으로 생산하고 저장하고 나눌 수 있는 인프라를 구축하는 것이라고 생각합니다.

김주안(22세)

우리는 습기공동체입니다. 비가 오는 장마철이 되면 누군가는 빗소리를 들으며 차를 마실 수 있겠지만, 누군가는 영화 〈기생충〉처럼 습한 반지하 집에서 곰팡내에 괴롭게 잠을 청할 수도 있습니다. 이렇듯 우리가 인식하지 못하는 소외된 사람들을 돌볼 수 있는, 습기까지도 함께 해결할 수 있는 습기공동체가 되어야 합니다.

┏ **더 읽어볼 책** ┓

· 『**10대와 통하는 기후 정의 이야기**』, 권희중 외 지음, 철수와영희, 2021
· 『**생태적 전환, 슬기로운 지구 생활을 위하여**』, 최재천 지음, 김영사, 2021
· 『**쓰레기 TMI**』, 고한솔 외 지음, 한겨레21, 2021
· 『**저녁 식탁에서 지구를 생각하다**』, 제시카 판조 지음, 김희주 옮김, 사람in, 2021

10월

더 나은
삶을 위한
용기

"여러분도 질문을 하고 계신가요? 예를 들면, 길거리에 쓰러져 있는 사람에게 손을 내밀 수 있는 사람, 적어도 나의 이익에만 눈 멀어서 다른 사람의 고통을 외면하진 않는 사람이 될 수도 있겠지요. 아니면 '나의 자유와 행복을 포기하고 다른 사람의 시선에 나를 맞추지 않을 거야, 그런 사람은 되고 싶지 않아'라고 생각할 수도 있습니다. 그런 자아성찰의 과정은 반드시 다른 사람과 마주하는 나를 만나게 되고, 다른 사람과의 관계까지도 생각할 수 있게 됩니다. 그런 과정에서 만들어지는 것이 바로 정체성입니다."

| 함께 읽은 책

『내일의 나를 응원합니다』, 리사 콩던 지음, 이지민 옮김, 콤마, 2021
『그렇다면, 칸트를 추천합니다』, 미코시바 요시유키 지음, 김지윤 옮김, 청어람e, 2017

삶이 아름다움을 간직할 수 있도록

코로나19가 전 세계를 점령한 지 벌써 2년이나 되었습니다. 여러분도 어려운 시간을 보내고 계실 텐데요. 전 세계 사람들 중 대다수가 우울하고, 무기력하고, 고통스러운 시간을 보내고 있습니다. 그런데 미국의 한 지역 대학교 체육관에서 백신 접종을 기다리고 있는 사람들을 위해 첼로를 연주한 음악가의 소식을 전해 들었습니다. 그는 바로 세계적인 첼리스트 요요마입니다. 요요마가 이런 허름하고 관객도 없는 곳에서 누가 요청하지도 않았지만 연주를 한 이유는 무엇일까요? 바로 과학자들과 의료진들이 혼신의 힘을 다해 백신을 개발하고 코로나에 감염된 사람들을 진료해주는 것처럼 음악가로서 다해야 할 책무가 무엇인가라는 고민 끝에 '사람들에게 위안을 주고 격려할 수 있는 음악연주를 해야겠다'라고 생각했기 때문이라고 합니다. 그래서 #SongsofComfort라고 하는 키워드로 본인에게 위로가 되었던 음악이 잠시나마 휴식과 기쁨을 사람들에게 선물해주길 바라는 마음으로 전 세계 많은 음악가들과 함께 협주하여 SNS나 유튜브에 업로드하기도 하고, 음반을 내기도 했습니다.

요요마가 이런 기획을 하게 된 이유는 바로 '이 시기에 내가 음악가로서 어떤 영향을 미칠 수 있을까', '나는 음악가로서 어떤 역할을 다해야 할까'에 대한 고민을 했기 때문일 것입니다. 또 '이 순간 내가 사랑하는 음악이 누구에게 가닿으면 가장 큰 힘이 될까'를 고민한 결과이지 않을까요? 우리도 그런 시간을 만들었으면 합니다. 우리가 나눈 이야기가 가닿으면 가장 행복할 사람이 누구일까, 그 누군가와 우리는 어떤 이야기를 나눌 수 있을까, 또 그런 순간을 나에게 선물한다면 나는 어떤 힘을 얻을 수 있을까. 그런 고민을 하는 시간이 있으면 좋겠습니다. 삶이 아름다움을 간직할 수 있는 시간을 지금부터 시작해보겠습니다.

삶의 이유를 찾아서

살면서 우리는 어떤 일을 겪게 될지 아무도 알 수 없습니다. 어떤 어려움이 올지는 우리가 선택할 수가 없겠죠. 하지만 어떻게 맞설지는 우리가 선택할 수 있습니다. 요요마도 이 어려운 시기에 공연을 못해서, 아쉽다고 생각할 수도 있거든요. 그런데 자신이 할 수 있는 능력으로 더 많은 사람들에게 위로와 편안함을 선물한 것에 보람을 느낀다면, 그 자체가 가치 있는 삶일 것입니다. 우리 역시도 그런 마음을 갖고 살 때 우리의 삶이 훨씬 행복하고 의미 있을 것입니다.

행복에 관해 의미 있는 책을 소개하고자 합니다. 『내일의 나를 응원합니다』의 저자 리사 콩던은 아주 멋진 예술가입니다. 화려한 색감의 작품처럼 에너지가 넘치는 재기발랄한 분이지요. 그녀는 책을 통해서 삶을 의미 있게 만드는 많은 지혜를 우리에게 전하고 있습니다.

한 권의 책을 더 소개해드리고 싶습니다. 『어떻게 나답게 살 것인가』라는 행복에 대한 여러 가지 의미를 분석한 책입니다. 이 책의 여는 글을 보면, 1980년대 이후에 전 세계에서 행복에 관한 연구들이 정말 많이 쏟아졌다고 합니다. 언론, 기업, 유명인들의 강의, 출판물 이 모든 것에서 행복에 대한 관심이 쏟아졌습니다. 그것이 하나의 산업이 될 만큼 이어졌고요. "인생에서 원하는 것을 얻는 지름길은 지금 행복하고, 또 행복하다고 느끼는 것이다!"라고 이야기하는『시크릿』이 전 세계 메가 베스트셀러가 되기도 했습니다. 그런데 놀라운 사실은 행복을 추구하면 추구할수록 점점 더 불행해진다는 사실입니다. 일본, 한국, 미국, 프랑스 같은 선진국들, 잘 사는 나라들과 아프리카와 남미지역의 가난하다고 우리가 알고 있는 나라들, 그 둘 중에서 어느 나라가 더 자살률이 높을까요? 상식적으로 생각해보면 먹고 사는 것이 힘든, 지금 당장 내가 먹을 것이 없고 언제 어떻게 질병에 걸릴지도 모르며 간단한 질병에 걸려도 죽을 운명에 처해 있는 사람들이 우울하고 삶을 포기하고 싶은 마음이 더 클 것입니다. 그런데 우리가 예측하듯이 대부분의 선진국들이 훨씬 높은 자살률을 기록하지요. 그래서 '행복을 추구하는 것에 돈과 시간을 쓸 만큼 우리는 여유로워졌는데 왜 행복을 좇으면 좇을수록 불행해지는 것일까?'에 대한 연구를 많은 사람들이 하고 있습니다.

퓰리처상을 수상한 윌 듀런트라는 작가에게 어느 날 한 남자가 찾아와서 이 질문을 합니다. "내가 왜 계속 살아야 합니까?" 갑자기 찾아와 내가 지금 자살을 할 건데, 당신이 내게 살아갈 이유를 설명한다면 내가 죽지 않고 살아보겠다고 이야기를 합니다. 어느 날 갑자기 누군가가 여러분을 찾아와 이런 이야기를 한다면 어떤 이유를 들 수 있을까요? 윌 듀런트는 여러 가지 이야기를 했습니다. "일자리를 한번 찾아보십시오. 일을 열심히 하면 삶의 의욕이 생길 겁니다"라고 말을 하니 "저는 일자리가 있는 사람입니다. 일을 열심히 하고 있는 사람입니다. 그럼에도 죽고 싶습니다"라고 대답했습니다. 그래서 또 다른 제안을 합니다. "그러면 아주 맛있는 걸 한번 드셔보시죠. 그러면 삶의 의욕이 돌아올 것입니다." 우리나라에서도 『죽고 싶지만 떡볶이는 먹고 싶어』가 베스트셀러가 되지 않았습니까? 우리가 먹고 싶은 걸 먹었을 때 기분이 좋아지고 이걸 먹기 위해 살아야지, 하는 느낌도 있거든요.

그런데 이 사람은 "아니요. 먹고 싶은 게 아무것도 없습니다"라고 답합니다. 이 사람은 직장도 있고, 돈도 어느 정도 있고, 명예도 있고, 먹고살 만큼 충분히 잘 살고 있습니다. 멋진 옷도 입고 있고요. 모자란 게 없어 보여요. 끝내 이 사람을 설득하는 데 실패합니다. 이 사람이 자살했는지는 알 수 없습니다. 윌 듀런트는 전 세계 수많은 사람에게, 과학자부터 연예인까지 아주 다양한 분야의 사람들에게 편지를 씁니다. "인생의 의미 혹은 살아야 할 이유는 무엇인가요?"하는 질문에 대신 답을 해달라는 편지였지요. 답장이 옵니다. 내가 그걸 왜 답을 해야 하냐는 시니컬한 답변도 있었지만 아주 진지하게 살아야 할 이유를 설명한 편지글도 있었습니다. 이 모든 편지를 받아든 윌 듀런트의 답은 무엇이었을까요? 여러분도 이 질문을 생각하면서 왜 우리가 죽지 않고 살아야 하는가에 대해 생각해보셨으면 좋겠습니다.

행복이란 무엇인가

행복을 좇을수록 불행해지는 이유는 오래된 철학에서도 발견할 수 있습니다. 우리가 생각하는 행복이 진짜 행복이 아닐 수도 있다는 것입니다. 에우다이모니아(Eudaimonia)라는 단어는 그리스어로 행복을 뜻하는 단어입니다. 이 단어는 아리스토텔레스가 말한 행복을 뜻합니다. 아리스토텔레스는 행복이라는 단어를 이렇게 설명합니다. 에우(eu)는 좋은, 다이몬(daimon)은 영혼입니다. 다시 표현하면, 행복해지는 것은 좋은 영혼을 가지는 것입니다. 행복은 인간 고유의 선한 본성이 발현되는 데 있습니다. 인간은 선한 본성이 있기 때문에 그것을 아주 잘 갈고닦아서 표현하고 행동하고 삶으로 실천해야한다는 것이 아리스토텔레스의 철학입니다. 이런 이상적인, 선한 본성을 실현하는 시민을 길러내는 곳이 바로 학교입니다. 그래서 아리스토텔레스는 외부의 쾌락과 유혹에 넘어가지 않기 위해 끝없는 자기성찰이 필요하다고 말했습니다. "내가 알 수 있는 것은 내가 다 알 수 없다는 것뿐이다"라고 말하기도 했습니다. 자신이 아는 것과 행동은 절대로 떼어낼 수 없다고 이야기합니다. 인간의 몸과 영혼은 하나로 연결되어 있기 때문에 옳은 것을 생각한다면 반드시 옳은 행동을 하게 되어 있습니다. 그런데 우리의 삶은 생각과 행동이 연결되어 있나요? 그렇지 않은 경우가 많습니다. 우리는 무엇이 자유로운지, 어떻게 해야 행복해지는지도 알고 있지만 그것을 실천하는 것은 참 어렵습니다. 무엇이 도덕적이고 윤리적인지 알고 있지만 선택하지 못할 때가 많습니다. 아리스토텔레스의 관점에서 보면 그것의 문제는 제대로 생각하고 실천하지 않았기 때문입니다.

심리학자 에릭 에릭슨도 행복에 대한 이야기를 했습니다. 에릭 에릭슨은 인간이 살아가면서 모든 순간과 시기마다 다른 성장을 하게 된다고 합니다. 자아발달론이라 하여 총 8개 단계적 심리의 발달을 하게 되는데, 그 단계마다 우리가 마주하게 되는 질문이 있습니다. 예를 들어, 막 태어난 아이들이 가장 먼저 쌓는 심리적 상태는 신뢰입니다. 부모님이 아이를 잘 안아주고 제때 먹을 걸 주고 기저귀를 갈아주면 이 아이는 굉장히 안정적인, 신뢰하는 상태가 됩니다. 그런데 그런 보살핌을 못 받은 아이는 불안한 상태에 놓이게 됩니다. 그런 아이가 성장하면 자율성이 떨어지는, 눈치 보는 아이가 될 것이라고 합니다.

단계적 심리의 발달에서 제일 중요한 시기가 개인의 자아에 머물러 있던 것이 대외적으로 확장되는 청소년기입니다. 청소년기는 정체성을 형성하는 시기입니다. 정체성은 자기 안에 있는 내재적인 것도 있지만, 외부와의 관계에서 내가 어떤 인간이 되고 싶은지 등을 설정할 수 있는 것을 정체성을 형성한다고 이야기합니다. 그런데 그런 질문을 제대로 하지 못했을 때, 나에 대해서도 잘 모르고 내가 다른 사람과 관계를 맺을 때 어떻게 해야 하는지, 어떤 인간이고 싶은지에 대한 고민을 잘 하지 못할 때 혼란이 발생합니다. 내가 누구인지 잘 모르는, 내가 어떻게 살아야 할지 잘 모르는 혼돈이 온다고 합니다. 그런 혼돈을 겪게 되면 그 다음부터는 삶이 어렵습니다. 살면서 고립감, 외로움을 겪고 극복하지 못하는 많은 사람들이 우울증, 무기력함 등을 겪게 됩니다. 조금 더 나이가 들게 되면 침체하기 시작합니다. 더 이상 내가 쓸모없는 신세가 되는 것입니다. 이런 침체의 시기를 거쳐 마지막으로 가면 절망입니다. 이미 다 지나가 돌이킬 수도 없고 극복할 수 있는 시간도 없는데 '이번 생은 처참했어. 너무 싫어'라고 후회하며 죽는 것을 기다려야 하는 아주 슬픈 죽음을 맞이할 것 같습니다.

그런데 정체성에 대해 제대로 고민한 사람은 사람들과의 유대관계를 아주 잘 맺게 됩니다. 그렇기 때문에 살아가면서 가장 생산성 있는 단계를 거칩니다. 나이가 들수록 자신의 능력으로 할 수 있는 일이 많아지고 굉장히 효율적으로 뭔가를 해낼 수 있게 됩니다. 그러면 말년이 어떻게 될까요? 자아가 통합되어 아주 행복합니다. 자아통합이란 내가 원하는 것과 세상이 원하는 것이 맞닿아 있는 것을 뜻합니다. 내가 원하는 것을 했을 뿐인데 모두가 존경하고 박수치는 것입니다. 예를 들어, 나는 너무 게임을 하고 싶지만 눈치를 봅니다. 부모님의 눈치, 학교 선생님의 눈치를 보며 공부를 억지로 하지요. 그건 자아가 통합되지 않은 겁니다. 내가 하고 싶은 일과 내가 해야 할 의무가 통합되지 않은 겁니다. 그런데 내가 하고 싶은 일과 해야 하는 의무가 완전히 통합되는 상태가 되면 얼마나 행복하겠습니까. 그러니 이 사람은 죽을 때가 되면 '아, 멋진 삶이었어', '정말 최고였어'라고 말할 수 있을 것입니다. 정말 멋있지 않나요?

물론 이런 단계가 일직선으로만 가지는 않겠지요. 불안한 상태에서도 극복해서 다른 단계로 나아갈 수도 있습니다. 자아통합을 향해 나아가기 위해서는 '내가 어떤 사람인가?'보다 한 단계 나아간 '나는 어떤 사람이 되고 싶은가?'에 대한 질문이 필요합니다. 내가 어떤 인간이 되고 싶은가에 대한 질문을 끊임없이 할 때, 부족한 것을 메우고 인정하고 회복할 수 있는 여러 시도를 해볼 수 있게 됩니다. 그래서 이 질문은 죽는 그 순간까지도 해야 하는 질문이라고 합니다.

여러분도 질문을 하고 계신가요? 예를 들면, 길거리에 쓰러져 있는 사람에게 손을 내밀 수 있는 사람, 적어도 나의 이익에만 눈 멀어서 다른 사람의 고통을 외면하지 않는 사람이 될 수도 있겠지요. 아니면 '나의 자유와 행복을 포기하고 다른 사람의 시선에 나를 맞추지 않을 거야, 그런 사람은 되고 싶지 않아'라고 생각할 수도 있습니다. 그런 자아성찰의 과정은 반드시 다른 사람과 마주하는 나를 만나게 되고, 다른 사람과의 관계까지도 생각할 수 있게 됩니다. 그런 과정에서 만들어지는 것이 바로 정체성입니다.

의무를 다하는 삶

또 한 사람이 있습니다. 철학자 칸트입니다. 이마누엘 칸트는 걸어 다니는 시계라고 불렸습니다. 왜냐하면 이 사람은 철두철미하게 자신이 만들어둔 원칙 안에서 살았습니다. 의무를 다하는 삶이 유일하게 자유로울 수 있고 옳은 삶이라고 생각했거든요. 칸트가 말하는 의무는 이성적으로 생각했을 때 옳은 것을 따르는 것입니다. 인간은 이성적인 능력이 있기 때문에 끝없이 생각하고 생각하면, 반드시 옳은 선택을 할 수 있다고 믿었습니다. 그런 능력을 발휘하는 것이 인간의 도리이고 자유라고 이야기합니다. 인간마다 다른 재능이 있을 수 있습니다. 어떤 사람은 수리 능력이, 어떤 사람은 언어 능력이, 어떤 사람은 신체 능력이 뛰어날 수 있습니다. 각자가 가진 능력이 다를 텐데 그 재능을 찾아서 연마하는 것이 이 사람이 다해야 할 도리이고 그것을 쓸모 있게 만들어야 한다는 것입니다. 그런데 대개의 사람들은 그 재능을 아는데 '이 정도면 됐어'라고 안주하며 그 도리를 다하지 않게 된다고 합니다. 그 도리를 다하지 않게 될 때 칸트는 부도덕, 부조리함, 즉 악이 생긴다고 생각했습니다.

칸트는 자기 안의 모든 능력을 반드시 키워야 한다고 이야기하며 그 능력은 유용하고 모든 가능한 목적을 위해 그 사람에게 주어진 것이라 생각했습니다. 요리를 잘 하는 사람, 창작을 잘하는 사람은 기술을 연마해서 이 세상에 내어놓을 수 있는 최고의 것을 내어놓는 것이 자기의 능력을 다 발휘하는 것이고, 그것이 옳은 것이라고 말합니다. 우리는 그런 혜택을 많이 받습니다. 김연아 선수, 손흥민 선수, 요요마와 같은 사람들이 자신의 재능을 십분 갈고닦아 우리에게 주었을 때 느끼는 엄청난 감동과 환희가 있습니다. 우리 모두에게 그런 크고 작은 능력들이 있습니다. 그래서 그것들을 발휘하지 않으면 우리는 결국 그 능력을 썩히는 바람에 나쁜 결과를 초래하게 될 것이라는 것입니다. 그래서 칸트에게 중요한 질문은 무슨 일을 해야 행복해지느냐가 아니라 어떻게 해야 자신의 의무를 다하고 최선으로 기여할 수 있는지가 더 중요하고 행복과 연결된다고 합니다. 아리스토텔레스의 삶과 사실 비슷합니다. 의미 있는 삶을 추구하는 것, 좋은 영혼과 선한 본성을 갈고닦는 것이 결국 행복에 가닿을 것이라는 이야기입니다. 조금 힘들긴 하겠지만 각자 행복을 추구할수록 불행해지진 않을 것입니다. 그런데 문제가 하나 있습니다. 숨기려고 해도 드러나는 엄청난 능력을 가진 사람도 있겠지만, 대부분의 사람들은 그렇지 못합니다. 그런 사람들은 어떤 의무를 다할 수 있을까요? 나의 주어진 능력이 무엇인지 어떻게 발견할 수 있을까요? 그런 사람에게 의무를 다하는 삶이란 건 참 어렵습니다. 그래서 의미를 찾는 것이 중요하지요.

예를 들어, 아무리 미래를 위하고 나의 능력치를 향상하기 위해서라고 해도 늘 반복된 일상이 계속되면 무기력하고 우울하고 힘든 감정을 어찌할 수가 없습니다. 그러니 그걸 떨어내고 스트레스를 풀 수 있는 선택을 하게 됩니다. 쇼핑을 하거나 PC방, 노래방, 영화관에 가거나 좀 좋은 카페나 여행지에 가거나 맛있는 걸 먹는 선택들을 합니다. 그런데 문제는 스트레스를 풀고 온 다음입니다. 시험기간에 그런 경험 하지 않으셨나요? 시험기간만 되면 하고 싶은 것의 리스트가 100개쯤 됩니다. 다 적어두고 시험 끝나면 해야겠다고 마음먹지만 막상 시험이 끝나면 한두 개 정도만 하고 까먹습니다. 또 똑같이 반복되는 일상이 시작되죠. 오히려 간극이 커집니다. 내가 신나게 놀고 왔지만 다시 시험의 굴레에 들어가야 한다는 강박에 더 무기력해지고 우울해지고 이 악물고 견뎌야 하는 일이 됩니다. 이런 식으로 우리의 무기력은 깨지지 않습니다.

시험기간이 끝나고 스트레스를 푸는 방식의 삶을 선택하지 않는 것,

경쟁구도에 너무 휘말리지 않는 선택을 한번 해보는 것, 친구들과의 상황에서 눈치 보지 않는 것을 선택하는 시도를 해보는 것, 거대한 시스템은 너무 견고하고 무너뜨리기 힘들지만, 그 속에서도 내가 인간답게 살수 있는 선택을 해보는 노력을 매순간 하는 것부터 시작해봅니다.

의미 있는 삶이 행복한 삶이다

사회학자 지그문트 바우만도 행복에 대한 이야기를 하셨습니다. 인디고 서원 팀이 직접 가서 만나 뵙기도 했습니다. 이분이 연구하신 것은 소비사회에 대한 것입니다. 바우만은 근원적인 삶의 문제가 있지만 그것을 소비하는 형태로 풀려고 하는 자본주의 사회에 문제가 있다, 그래서 더 불안하고, 더 많은 것을 가지고, 소비하려고 하는 끝도 없이 이어지는 반복의 굴레에 놓여 있다고 분석하셨습니다. 그러면 그런 소비사회에서 어떻게 하면 행복해질 수 있겠느냐고 질문을 드렸습니다. 그러자 거꾸로 바우만은 행복의 반댓말이 무엇인지에 대해 질문을 하셨습니다. 당연히 불행이라고 답을 했지만, 행복의 반대는 의미 없음이라 이야기하셨습니다. 우리가 행복을 추구할수록 불행해진 이유는 바로 의미가 없었기 때문입니다. 의미를 두지 않았던 것이죠. 예를 들어, 충치가 생겨 뭘 먹을수가 없을 만큼 치통이 생겼을 때 치과에 가서 치료를 하면 행복하겠죠. 그런데, 그 행복이 며칠 가지 않습니다. 그것은 아주 잠깐의 즐거움, 쾌락입니다. 그것을 행복이라 착각한다는 것이죠.

그럴 때 우리는 훨씬 더 큰 의미를 추구해야 진정으로 행복해질 수 있습니다. '이를 뽑아 건강하게 음식을 먹고 몸이 건강해질 수 있다면 정말 좋을 거야' 하고 삶의 의미가 건강에 있을 때는 충치 치료가 의미 있을 수 있습니다. 앞으로 충치가 안 생기도록 노력하겠지요. 그런 의미를 추구할 때 나의 삶은 건강해져 행복해질 수 있습니다. 똑같은 행동이라도 어떤 의미를 추구하느냐에 따라 우리는 행복해질 수 있다는 것입니다. 왜 우리의 삶은 행복을 추구할수록 더 불행해졌느냐 하면, 제대로 된 의미를 추구하지 않고 의미 없는 것을 좇았기 때문입니다.

즐거움은 감정일 뿐이지 의미가 될 수는 없습니다. 그렇다면 행복의 과정에 고통이 있을 수도, 즐거움이나 슬픔이 있을 수도 있지만 우리가 지향해야 하는 것은 의미 있는 삶입니다. 살아 있는 자의 의무는 더 나은 삶을 희망하는 것. 지그문트 바우만은 좋은 사회란 만족하지 않은 사람들이 많은 사회, 더 나아질 것을 기대하고 노력하는 사람이 많은 사회라 말씀하시기도 했습니다. 개인의 소명이란 자기 안의 강한 기쁨과 세상의 강한 갈망이 만나는 지점이라고 합니다. 우리가 해야 할 일은 내가 정말 원하는 일을 했을 때 의미 있는 행복한 삶을 살 수 있는 게 아닐까 생각합니다. 지금 당장은 내 것을 내어줌으로써 손해 본다고 생각할 수 있지만, 훨씬 더 큰 생명을 구하는 일, 삶을 나누는 일이라 생각한다면 내가 할 수 있는 일의 크기라고 하는 것이 정말 커질 수 있다고 생각합니다. 그래서 윤리적 삶이란 어려운 게 아니라 내가 줄 수 있는 좋은 영향, 선한 영향을 다른 사람에게 주는 것이고, 그 일을 찾는 것이 자유로워지는 길입니다.

그 자유를 다하지 않고 의무를 다하지 않으면 문제가 생깁니다.

그렇다면 어떻게 의미를 찾아야 할까요? 아주 멋진 하나의 사례를 말씀드리고 싶습니다. 1962년 존 F. 케네디 대통령이 NASA를 방문했습니다. NASA에서 인간을 달에 보내는 연구를 할 때였죠. 달 착륙을 목전에 두고 있는 아주 중요한 순간이었습니다. 여기에서 만난 청소부에게 케네디가 "당신은 무엇을 하고 계시나요?"라고 물었더니 이 청소부는 "인간의 달 착륙을 돕고 있습니다"라고 대답했다고 합니다. NASA에서 청소를 한다는 것은 실제로 달 착륙을 돕는 일입니다. 이렇게 생각하는 청소부에게 본인의 일은 굉장히 고귀하고 존엄했을 것입니다. 그렇지 않고 그냥 더러운 것을 치우는 일이고, 남이 시켜서 하는 일이며, 저 잘난 사람들은 머리가 좋아 저런 일을 하지만 나는 하찮은 일을 하고 있다고 생각한다면 그 인생은 아주 불행했겠지요. 우리 또한 삶의 의미를 스스로 찾아보면 좋겠습니다. 단순히 나에게 주어진 일을 열심히 하는 것만을 행복이라 말하지 않습니다. 무엇을 목표로 하고 있고, 어디까지 가닿을 것이고, 나의 영향력이 어떤 일을 할 수 있을 것인가 생각하는 것이 바로 인간이라는 존재가 가지고 있는 능력입니다. 내가 하고 있는, 세상에서 내게 주어진 일이 옳지 않을 때 그렇게 하지 않는 것을 선택하겠다고 이야기할 수 있는 것 역시도 인간의 영역이지 않을까 생각합니다. 여러분이 예능 프로그램을 볼 수도 있고, 누워서 게임을 할 수도 있고, 쉴 수도 있지만 시간을 내어 책을 읽는 이유를 누군가 물어볼 수도 있겠죠. "토요일 저녁에 뭐하십니까?" 하고요. 그러면 여러분은 뭐라고 대답할 수 있겠습니까? "저희는 정의로운 삶의 의미를 찾고자 모여 있습니다"라고 생각하시나요? 그렇게 생각한다면 실제로 그런 의미와 목표를 위해 모여 있기 때문에 충분히 다른 선택보다 가치 있고 의미 있고 아주 고귀한 시간이 될 수 있으리라 생각합니다.

토론

내일은 분명 더
행복해질 겁니다

여러분은 자기 자신을 사랑하나요? 해야 할 일이 많은데 게으르게 미루거나, 잘하고 싶은 마음과는 다르게 능력이 부족해 실수하거나, 나도 모르게 거짓말을 하거나, 친구와 가족에게 퉁명스럽게 대하는 자신의 모습을 볼 때면 자신을 사랑할 수 없을 것 같다는 생각이 들기도 할 것입니다. 열심히 노력해도 잘 바뀌지 않는 탓에 초조한 마음이 들거나, 행복해지지 않는 이유가 온통 나에게 있는 것 같아 자책의 마음이 들 때도 있습니다. 하지만 더 나은 인간으로 성장하기 위해서, 나의 삶을 의미 있고 가치 있게 살아내기 위해서, 우리는 오늘과 내일의 나를 응원해야 합니다.

리사 콩던은 누구보다 자신을 긍정하며 삶을 명랑한 에너지로 채워가는 사람입니다. 교사였던 그녀는 창조적인 일을 하고 싶어 예술가가 되었지요. 예술가로서 그림을 통해 교육, 인간의 권리, 사회 정의, 진실 등 중요하게 생각하는 것을 담아냅니다. 그림 에세이 『내일의 나를 응원합니다』에는 그녀가 살면서 발견한 가장 중요한 것들이 활기찬 일러스트와 함께 담겨 있지요. 이 책에서 발견한 멋진 문장들을 소개합니다. 나를 응원한다는 것이 무엇을 뜻하는지, 그 방법에는 어떤 것이 있을지 책을 읽으며 함께 찾아가 보았습니다.

"안 좋은 일도 기꺼이 껴안으세요"

박혜민(14세)

"안 좋은 일도 기꺼이 껴안으세요"라는 문장은 삶을 살아가면서 꼭 지녀야 한다고 생각합니다. 살다 보면 언젠가는 좋은 일도 있겠지만, 안 좋은 일도 분명 존재할 것입니다. 그래서 항상 이 문장을 꼭 명심하면 좋겠다는 생각이 들었습니다.

최현우(16세)

우리는 안 좋은 일이 생길 때면 도피하고 마주하려 하지 않습니다. '시간이 해결해 주겠지'와 같은 말들로 스스로 위로하며 잊힐 때까지 덮어 두고 마치 아무 일 없다는 듯이 도망칩니다. 그런데 안 좋은 일은 사라지는 것도 아니고 트라우마로 남는 경우도 종종 있습니다.

하지만 어렵고 힘든 일들을 한번 받아들여 보는 게 어떨까요? 자책하며 그 일에 연연하지 말고, 괜찮으니까 다시 일어나서 이런 일도 있다는 것을 배우고, 경험하면서 성장해 나가는 것으로 생각해봅시다. 조금 나은 마음으로 힘든 일을 자신의 마음 한편에 품어보는 것도 나쁘지 않습니다. 만약 너무 힘들다면 그 일을 떠올릴 때마다 웃어보는 것도 좋습니다. 저는 부끄러운 일들이나 떠올리기 싫은 기억들이 생각날 때마다 입꼬리를 올리는 습관이 있습니다. 억지로라도 웃다 보면 그 일을 어떻게 반성해야 하는지, 어떤 감정을 가져야 하는지도 알게 되었습니다. 웃음으로 과거를 잊으려는 것이 아닌 조금이라도 위로를 받는 느낌으로 웃다 보면 그 과거는 어느새 우리의 마음에 자리를 잡고 하나의 추억으로 남아 있을 수 있습니다.

"순간을 사랑하세요. 그러면 그 순간의 에너지가
모든 경계 너머로 퍼져 나가게 됩니다" —————

하준수(15세)

삶의 많은 장애물 앞에서, 스스로 환멸을 느끼는 순간을 경험하게 됩니다. 그러한 감정은 자신의 과거에 남겨두었던 행동이나 말, 그리고 미래의 막막함에서 비롯됩니다. 자존감과 상관없이 이 순간을 견뎌내는 것은 누구에게나 쉽지 않은 일입니다. '늪에 빠졌다'라는 말이 가장 잘 어울립니다. 점점 나를 조여오고 아래로 끌어당기지만, 벗어나려고 하는 몸부림이 오히려 해가 되는 것입니다.

순간을 사랑한다는 것은 이런 늪의 한가운데에서 잠시 머무는 것과도 같습니다. 섣불리 과거와 미래의 나를 평가하려 들지 않고, 현재의 자신이 살아가는 순간에 집중한다면 다시 걸어 나갈 힘을 낼 수 있습니다. 멈추어 서는 것은 결코 수동적인 태도가 아니라, 사색을 통해 두려움에서 벗어나 현재의 삶을 되찾는 능동적인 행위입니다. 또한 현재를 살아가며 언제나 깨어 있으려는 의식적인 몸부림이기도 합니다.

"쉼을 허락하세요"

김영찬(14세)

어떻게 보면 우리가 가장 쉽게 피로를 푸는 방법은 기지개를 켜는 것이 아닌가 생각합니다. 기지개를 켜면서 햇빛을 받으면 세로토닌 분비가 최대로 활성화되어 우리 몸의 행복지수가 올라간다고 합니다. 지금 바로 기지개를 켜면서 하늘을 보세요! 기분이 좋아질 것입니다.

이윤후(14세)

저는 그다지 학원을 많이 다니거나 여러 활동을 많이 하는 것은 아니지만, 불필요한 것 같은 학원을 자신의 몸을 혹사하면서 몇 시간씩 다니는 몇몇 주변 친구들에게 말해주고 싶습니다. 무조건 쉬라는 말은 아니지만, 어느 정도의 쉬는 시간은 매일 확보해야 한다고 생각합니다.

정윤진(14세)

저는 이때까지 쉼이 시간 아까운 일이라 생각해 저에게 휴식을 주는 것이 못마땅한 행동이라고 여겼습니다. 그러나 이는 옳지 않습니다. 휴식은 매우 가치 있고, 나의 건강과 행복을 지키기 위해 필요한 일이라는 것을 이 책을 통해 깨달았습니다. 저는 매사에 잘하려는 마음이 있습니다. 자잘한 것까지 매번 열심히 하려니 저에게 여유를 주지 못합니다. 그리고 해야 할 일이 많으면 다 끝내지 못할 때가 있어 기분이 좋지 못할 때도 있습니다. 또, 아직 시험도 안 치는 1학년 때 이 정도로 지치면, 2학년이 되어서 시험을 치게 된다면 어떻게 하면 될지 상상하니 미래가 막막한 듯합니다. 이런 저에게 쉼을 허락하라는 말은 많은 격려가 되었습니다.

> "내가 저지른 실수를 나와 동일시하지 마세요.
> 있는 그대로의 나와 마주하세요"

정하진(14세)

이 문장이 옛날의 실수를 이제는 흘려 보내고, 더욱더 좋은 사람으로 살라는 말로 들렸습니다. 옛날의 실수가 계속 생각날 때마다 괴로웠던 적이 많은데, 이 문장으로 나의 실수를 이제는 보내주자고 생각하니 마음이 더욱 편해졌습니다.

최준영(16세)

내가 저지른 실수가 나의 전부가 아닌 것을 알고 있음에도 불구하고, 전부처럼 느껴질 때가 많습니다. 어쩌면 우리는 실수에서 배운다는 명목으로 그 실수를 너무 오래 붙잡고 있는지도 모릅니다. 우리가 붙잡아야 할 것은 그 실수로부터 배울 것이지, 그 실수 자체가 아닙니다. 실수를 너무 오래 붙잡고 있을 때, 그 실수는 꼭 나처럼 느껴지고 다음번에도 다시 실수를 저지를 것만 같이 느껴집니다.

이제는 더 이상 실수를 붙잡아두지 않습니다. 실수는 모든 사람이 거치는 과정일 뿐이고, 앞으로 똑같은 일을 반복하지 않기 위해 노력하면 될 일입니다. 실수가 나의 가치를 결정짓고 흠을 내지는 않습니다.

"모든 것을 실험이라 생각하세요"

김예지(14세)

저는 항상 어떤 일을 할 때마다 '이 일은 꼭 성공해야 해'라는 마음에 조바심이 생깁니다. 이 때문에 오히려 실수를 더 많이 하게 되었고, 실수를 더 두려워하게 되었습니다. 하지만 이 모든 것을 실험이라고 생각한다면, 내가 한 실수들도 모두 하나의 실험이었다고 여길 수 있고, 실수를 통해 나아갈 수 있습니다. 이 문장은 다른 문장보다 실수에 대한 두려움을 줄여주는 것 같아 인상 깊었습니다.

이윤영(14세)

저는 일이 잘 안 풀리거나 무언가가 제 뜻대로 잘되지 않았을 때, 종종 '나는 여기 있을 사람이 아닌데, 차라리 여기 말고 다른 곳으로 갔더라면 지금보다 더 좋았을 텐데'라고 생각하곤 했습니다. 그런데 "지금 내가 있는 곳이 바로 내가 있어야 할 곳입니다"를 읽고 나서 저는 삶을 살아가면서 내가 원했던 일이든 원하지 않았던 일이든 모든 일은 결국 일어나게 되고, 우리는 모두 삶 속에서 다양한 일을 마주하며 성장해가야만 더욱 더 성숙해지고 지혜로워질 수 있다는 사실을 알게 되었습니다. 또 내가 스스로 선택한 나만의 길을 용기 있게 걸어갈 때, 우리는 진정한 자신의 모습을 발견할 수 있다고 생각합니다.

"생각하는 대로 됩니다. 우리는 자신의 생각 속에서 자랍니다. 우리 자신의 생각으로 이 세상을 만듭니다"────

김명찬(14세)

이 문장은 부처님의 말씀이라고 합니다. 우리의 생각으로 이 세상을 만든다는 말이 마음에 듭니다. 그렇다면 전쟁을 멈추고 가난과 빈곤, 차별을 없애는 우리의 생각으로 그런 세상을 만들 수 있을 것 같습니다. 같은 생각을 하는 사람이 여러 명이라면 충분히 그 일을 이뤄낼 수 있을 것입니다.

"모른다고 말해도 괜찮아요"────

이재영(14세)

저는 아직 모르는 게 많습니다. 하지만 모르는 것은 내가 점점 채워가면 되는 것이라고 생각하고, 채워나가고 있습니다. 학교에서 모른다는 것은 죄가 아니라고 말할 때가 있습니다. 하지만 어떤 친구는 '아니다, 죄다'라고 하고 다른 친구도 맞는 말이라고 합니다. 하지만 모르는 것이 죄라면 모든 사람은 죄를 짓고 있습니다. 사람이 모든 것을 알 수는 없습니다. 심지어 어떤 분야에서 박사라고 해도, 모르는 것이 분명 있습니다. 인류는 호기심으로 발전했습니다. 그리고 아직도 호기심이 넘칩니다. 모른다고 말해도 괜찮습니다. 그저 알려주고, 알게 되고, 같이 알아가면 된다고 생각합니다. 모순적이게도 모른다는 것은 알아야 하며, 알려고 노력하라는 뜻도 가지고 있는 문장입니다. 이 문장은 저에게 무한한 호기심과 알려고 노력하자는 힘을 주었습니다.

┌─ **더 읽어볼 책** ─────────────────────────────

· 『**꿈꾸고 사랑했네 해처럼 맑게**』, 전영애 지음, 문학동네, 2021
· 『**내가 행복한 곳으로 가라**』, 김이재 지음, 샘터사, 2015
· 『**어떻게 나답게 살 것인가**』, 에밀리 에스파하니 스미스 지음, 김경영 옮김, RHK, 2019

삶이라는
직업을 위한 모험

"끊임없이 반복되는 이 삶을 내가 얼마나 수용하고 받아들일
수 있을 것인지 생각해보아야 합니다. 영원히 어떤 일을 반복
해야만 한다고 했을 때, 그 일이 내가 진정으로 좋아하는 일이
라면 너무나 행복하겠지요? 직업을 선택할 때, 그것이 아주 지
루할 수 있다는 것을 염두에 둔다면, '내가 이 일을 평생 해도
행복할까?'라는 질문을 스스로 던져보는 것이 중요합니다."

| 함께 읽은 책

『뭐가 되고 싶냐는 어른들의 질문에 대답하는 법』, 알랭 드 보통 외 지음, 신인수 옮김, 미래
엔아이세움, 2021
『발칙한 예술가들』, 윌 곰버츠 지음, 강나은 옮김, RHK, 2021

"너는 커서 뭐가 되고 싶니?"라는 질문, 모두 한 번씩은 받아봤을 것 같습니다. 이 질문에는 사실 또 다른 많은 질문이 포함되어 있습니다. 무엇을 좋아하고, 무엇을 잘하는지, 무엇에 관심이 있는지, 또 어른이 된다는 것은 무엇이고, 돈이란 무엇이고, 직업에는 어떤 것이 있으며, 얼마나 확신을 갖고 직업을 선택할 것인지 등 다양한 질문이 내포되어 있을 것입니다. 그래서 "너는 커서 뭐가 되고 싶니?"라는 질문에 대답하는 것은 어려운 일입니다.

프랑스 작가 알랭 드 보통이 쓴 『뭐가 되고 싶냐는 어른들의 질문에 대답하는 법』에는 직업과 관련한 많은 질문이 소개되어 있습니다. 단순한 직업 소개가 아니라, 우리가 뭘 하고 싶은지 알기 힘든 이유와 직업의 종류는 왜 이렇게 많은지, 또 직업은 왜 지루한지 등 다양한 관점에서 직업을 생각할 수 있게 해줍니다. 직업이라는 주제가 어려운 문제인 이유는 가장 기본적으로 우리가 좋아하는 것을 찾아야 하는 과정이기 때문입니다. 사회학자 지그문트 바우만은 현대 사회를 '재성취 사회'라고 말했습니다. 재성취 사회란, 부모의 직업을 물려받는 세습사회가 아닌, 새로운 사회적 지위를 획득하기 위해 끊임없이 노력해야 하는 사회를 말합니다. 오늘날의 사회는 새로운 지위 혹은 직업을 갖기 위해 계속해서 노력해야만 합니다. 사회는 끊임없이 우리에게 무언가를 성취하도록 요구합니다. 여기서 성취한다는 것은 내가 가지고 있는 잠재능력을 끌어내기 위해 노력한다는 것을 의미하지요.

"우리는 모든 것을 재성취해야 합니다. 견고한 고체와 같이 자신의 정
체성이 무언가에 귀속된 근대의 형태와는 달리, 천천히 벽돌을 하나하
나 쌓아가듯이 당신의 정체성을 만들어가는 것이 중요합니다. 정체성
형성이란 이제 매 순간 우리가 생을 걸고 해야 하는 과업이 되었습니다.
결코, 멈추어서는 안 됩니다. 이를 멈추는 순간, 당신은 퇴보할 것이기 때
문입니다."
　　— 지그문트 바우만, 『희망, 살아 있는 자의 의무』, 80쪽, 궁리

정체성은 끝없이 공부하고, 배움과 실천, 경험 등으로부터 하나씩 쌓
아 나가는 것입니다. 그리고 이 작업은 청소년기에만 하는 것이 아닙니
다. 성인이 되어서도, 심지어 죽는 날까지 끊임없이 이어지는 것입니다.
그런 의미에서 우리는 실제로 재성취 사회에 살고 있으며, 변하지 않는
직업도, 결정된 미래도 없다는 것을 알 수 있습니다.

세계적인 물리학자 스티븐 호킹은 "일이란 삶의 이유와 목적을 선사
한다. 의미 있는 일이 없다면 삶은 공허할 뿐이다"라고 말한 바 있습니다.
직업에 관한 질문은 그만큼 중요한 것입니다. 직업은 내 삶의 궁극적인
행복에도 맞닿아 있는 것이지요.

장래 희망을 정하기 위한 현명한 방법

동물보호 운동가인 로렌스 앤서니는 동물과 자연, 모험을 좋아하고, 실제로 그런 삶을 살았던 사람입니다. 앤서니는 이렇게 말합니다. "사람들은 흔히 '틀을 벗어나서 생각해봐'라고 충고하죠. 그런데 왜 상자 안에 갇혀서 밖을 생각하라고 하는 거죠? 틀이라는 상자 자체를 깨부수고 밖으로 걸어 나오세요." 내가 살고 있고 내가 보고 듣고 배운 것만이 이 세상의 전부가 아니라는 것입니다. 내가 알고 있는 세상 밖에는 더욱 큰 즐거움을 주는 경험이 존재할 수 있습니다. 그런 의미에서 앤서니의 충고는 "너는 커서 뭐가 되고 싶니?"라는 질문에 대답하기 위해 첫 번째로 실천해야 하는 일입니다.

또 다른 실천 중 하나는 '정신의 게으름을 탈피하라'라는 것입니다. 나에 관한 질문을 계속해서, 끊임없이 하다 보면 어느 순간 생각하는 걸 멈추게 됩니다. 너무 어려운 질문이기 때문이지요. 그러나 이런 순간, 정신의 게으름에 빠지지 않고 넘어서려는 노력을 해야 합니다.

쉬나 아이엔가라는 미국 컬럼비아 대학교의 교수는 '선택의 기술'이라는 제목으로 강의를 했는데요. 이 강의는 『나는 후회하는 삶을 그만두기로 했다』라는 책으로도 나왔습니다. 책에서 아이엔가는 "선택은 우리가 삶을 만들어 나가도록 도와준다. 우리는 선택하는 주체이며, 또한 선택에 의해 형성된다. 더 현명한 선택을 하도록 과학의 도움을 받을 수도 있지만, 선택의 핵심은 여전히 하나의 예술이다"라고 말합니다. 선택이란 스스로 틀 밖으로 나가는 것을 선택함으로써 내 삶을 창의적인 무언가로 만들어나가는 과정입니다.

그렇다면 선택을 할 때 중요한 것은 무엇일까요? 바로 타인의 눈을 의식하지 않는 것입니다. 내가 어떤 사람인지가 중요하기 때문입니다. 정신분석학자 레나타 살레츨은 "타인의 눈으로 하는 선택은 나 자신을 속이는 것입니다. 아무리 힘들고 고통스럽다고 하더라도 선택은 인간에게 필수적인 능력입니다"라고 말합니다. 이것은 매우 어려운 일 중의 하나입니다. 인간은 사회에서 살아가기 때문에 다른 사람들의 눈에 내가 어떻게 비칠지 고민할 수밖에 없는 존재이기 때문입니다.

이런 고민에 대하여 기자이자 작가인 델핀 미누이는 "작가로서 제가 배운 것은 사람에 대한 믿음입니다. 위대한 영웅은 신문이나 잡지에 실리는 사람, 힘 있는 정치인이 아니라 여러분입니다. 여러분 내면의 목소리에 귀를 기울이십시오"라고 조언합니다. 즉 다른 사람이 나에게 하는 이야기, 타인의 시선에서 벗어나 나의 내면의 목소리에 귀 기울였을 때, 내가 어떤 선택을 할지가 중요하다는 것입니다.

"나는 누구인가?", "나는 무엇을 희망하는가?", "나는 무엇을 해야 하는가?"는 철학자 칸트가 스스로 던졌던 질문들입니다. 이러한 질문들을 던질 때만 내가 진정으로 달성하고자 하는 목적을 찾을 수 있습니다. 게다가 "나는 누구인가? 어떻게 살 것인가?"라는 질문은 평생에 걸쳐 답을 찾아야만 하는 질문입니다. 그렇기 때문에 이런 질문은 귀하고 중요한 질문이자 살아가는 동안 계속해서 던져야 하는 질문입니다.

직업이라는 것은 많은 경우에 지루한 노동의 반복일 수 있습니다. 왜냐하면 매일 똑같은 일을 평생 해야 하기 때문입니다. 그래서 평생 하나의 일만을 해야 한다고 생각한다면, 그럴 수 없을뿐더러 현대 사회에서는 그럴 이유도 없습니다. 문학 작가 밀란 쿤데라는 "행복은 지속과 반복에 대한 갈망이다"라고 표현했습니다. 끊임없이 반복되는 이 삶을 내가 얼마나 수용하고 받아들일 수 있을 것인지 생각해보아야 합니다. 영원히 어떤 일을 반복해야만 한다고 했을 때, 그 일이 내가 진정으로 좋아하는 일이라면 너무나 행복하겠지요? 직업을 선택할 때, 그것이 아주 지루할 수 있다는 것을 염두에 둔다면, '내가 이 일을 평생 해도 행복할까?'라는 질문을 스스로 던져보는 것이 중요합니다.

"내 삶의 가장 중요한 가치는 무엇인가?" 내가 어떤 가치를 가장 중요하게 여겨서 삶의 중심으로 두고 살아가고 싶은지를 대답할 수 있다면, 내가 어떤 직업을 가지고 살아가고 싶은지도 답을 할 수 있을 것입니다.

그래서 청소년들이 직업에 대한 생각을 해체해보면 좋겠습니다. 특정한 직업이 아니라 '다른 사람을 기쁘게 하는 일', '아름다움을 보존하는 일', '자연을 사랑하는 일', '놀이의 즐거움이 가득한 일', '새로운 것을 창작하는 일', '사람들을 연결 짓는 일', '인간에 대해 이해하는 일', '삶을 편리하게 바꾸는 일', '타인을 보살피는 일', '질서를 유지하는 일' 등 내 삶의 가치와 연결하여 말이지요. 그렇게 해보면 직업에 대한 답을 조금 더 구체적으로, 또 새롭게 내릴 수 있을 것입니다.

작가이자 철학자였던 이반 일리치는 인간의 일, 노동에 대한 고민을 많이 했습니다. 이반 일리치는 "누가 나를 쓸모없게 만드는가?"라는 질문을 독자에게 던졌습니다. 이러한 질문이 나온 이유는, 근대 이후로 직업이 세분되면서 내가 어떤 직업을 갖고 성실하게 수행하고 있음에도 불구하고, 이 사회에서는 별로 쓸모 있는 사람으로 대접받지 못하게 되었다는 생각 때문입니다. 우리가 살고 있는 사회는 내 안의 재능을 볼 수 있는 눈을 잃게 했고, 재능을 발휘할 수 있는 환경 조건조차 빼앗아버렸고, 결국은 자신감마저도 사라지게 했다는 것입니다. 이반 일리치는 결론적으로 우리에게 이런 말을 합니다. "근대의 계급과 자본주의의 예속에서 벗어나 자유롭고 창의적인 삶을 누려야만 한다." 우리가 의미 있는 일, 나를 행복하게 만드는 노동을 할 수 있게 되려면 결국은 사회적인 예속에서 벗어나야 한다는 것입니다. 타인의 시선, 돈, 사회적 명예와 같은 것들에서 벗어나 자유롭게 일을 선택하고, 창의적으로 내 삶의 정체성을 추구하면서 살 수 있도록 해야 합니다. 그리고 그런 삶을 살 수 있게끔 누군가는 애쓰고 노력해야 한다고 합니다.

결국 우리는 "너는 커서 뭐가 되고 싶니?"라는 질문에 대답하기 위해서는 노동에 대해서, 삶에 대해서, 재능에 대해서, 자아실현과 자아 정체성에 대해서 끊임없이 스스로 질문을 던져보아야 합니다. 그리고 그 질문에 성실하게 대답하려고 노력한다면, 분명 내가 진정으로 원하는 직업을 만나 삶의 의미와 기쁨을 느끼며 살아갈 수 있을 것입니다.

토론

우리는 모두
예술가입니다

예술가란 특별한 재능이 있는 사람만 되는 것으로 생각하기 쉽습니다. 우리가 예술이라 불리는 것을 접했을 때 느끼는 어려운 감정 때문일지도 모릅니다. 환희, 환상, 공포, 혼란과 같은 강렬한 감정들 말이지요. 이 감정들은 일상에서 흔히 느끼기 어려운 것이기 때문에 예술이 우리의 삶과 동떨어진 것이라는 느낌을 줍니다. 하지만 정말 그럴까요? 우리 삶에 예술이란 단지 가끔 미술관에 들러서 보는 예술작품으로 충분한 걸까요? 오직 그런 것만 예술이라 부를 수 있는 것일까요?

많은 미학자가 말하듯 예술은 우리 삶과 그리 멀리 떨어져 있는 것이 아닙니다. 오히려 예술은 우리 삶 그 자체라고 합니다. 꼭 예술작품을 만들어야만 예술가는 아니고, 무언가 특별한 것을 창조해내는 것만이 예술은 아니란 것이지요. 아주 사소한 순간도 예술이 될 수 있고, 더 나아가 우리는 스스로 우리 삶의 예술가가 될 수도 있습니다.

미학자 발터 벤야민은 예술적인 존재는 그 자체로 아우라가 흘러나온다고 말합니다. 아우라란 말로 설명하기 힘든 신비한 기운을 일컫는데, 벤야민은 이 아우라가 발생하는 상황에 대해 이렇게 말합니다. "시선을 받은 사람이나 시선을 받았다고 생각하는 사람은 시선을 얻게 된다. 어떤 현상의 아우라를 경험한다는 것은 시선을 여는 능력을 그 현상에 부여하는 것을 의미한다." 즉, 우리가 주고받는 시선의 찰나에서조차 아우라가 발생한다는 것입니다. 이는 우리가 시선을 주고받는 아주 짧고 우연적인 순간조차 하나의 예술로 작용할 수 있다는 것이지요. 우리가 일상을 살아가면서 발견하는 아름다운 순간들, 그 집합이 바로 예술입니다. 그런 예술적인 순간들은 우리를 우리 삶의 예술가로 만들고, 우리의 삶을 한 단계 도약시킵니다. 그렇다면 우리는 왜 평소에 그러한 예술적인 순간들을 느끼지 못할까요? 우리 주위의 삶은 아름다운 예술이 아니라 칙칙한 잿빛의 집합들로 느껴지는 것일까요?

한 가지 중요한 사실은, 우리 모두 최소한 한 번은 예술가였던 순간이 있었다는 것입니다. 그러나 그 순간이 너무나도 쉽게 희미해져 버리는 탓에 우리의 기억에 남지 않을 뿐입니다. 바쁜 삶을 살아가면서 주위에 아름다웠던 찰나의 순간은 모두 잊어버리고, 『어린 왕자』 속의 어른들처럼 삶과 세상을 똑 떨어지는 숫자들로 계산하고 이해하고 있는 것은 아닐까요? 우리가 진정한 예술가가 되기 위해서는, 잠시라도 어린아이로 돌아갈 필요가 있습니다. 어디에도 얽매이지 않고, 순수하게 아름다움을 바라볼 준비가 되어야 합니다. 호기심 어린 눈으로 세상을 바라보고, 모르는 것을 두려워하지 않고 그로부터 배우며, 그것들을 통해 세상을 만끽해야 합니다. 우리는 이미 내면에 예술가의 자질을 모두 갖추고 있습니다. 단지 '가만히 좀 있으라'라는 세상의 요구에 맞추어 잠시 잠들어 있을 뿐입니다.

예술가는 특별한 인물이 아닙니다. 예술은 특별한 사람들만이 일구어내는 것이 아닙니다. 예술가들은 가만히 있으라는 세상의 요구에 저항하며 꾸준히 자신만의 질문을 해나간 사람들이고, 예술은 그에 따른 아름다운 결과물입니다. 바로 이 '저항'이야말로 예술가와 다른 이들의 유일한 차이점입니다. 이제는 우리의 차례입니다.

예술가가 되어 우리의 삶을 만들어나갈 때입니다. 존재와 존재가 눈을 맞추는 순간에 예술이 발생한다면, 우리가 다른 존재와 눈을 맞추는 순간, 우리 삶은 예술이 됩니다. 여러분은 어떻게 내 안의 예술가를 깨울 것인지, 어떤 예술적인 순간을 살아갈 것인지 알려주세요.

내 안에 숨겨진 예술가를 찾아서

김학철(15세)

예술가는 끊임없이 생각하는 사람입니다. 생각하는 것은 생각보다 힘든 일입니다. 수학 문제나 영어 문제처럼 간단하게 답이 나오는 것이 아니라, 무한한 답을 가지고 있기 때문입니다. 그러므로 저는 예술가가 되기 위해 계속 생각할 수 있는 집념과 끈기를 갖고 싶습니다.

김명찬(14세)

예술가로부터 배울 점은 현실적인 무언가에 발목 잡히지 않고, 나의 뜻을 펼칠 수 있는 용기라고 생각합니다. 나이가 들었다고 해서, 시작하기 늦었다고 해서, 남들의 시선이 두려워서, 전공이 달라서 같은 핑계가 아니라, 내가 하고 싶고, 해보고 싶은 일을 우선 시작하고 보는 능력 말입니다.

저는 예술가가 되기 위해 나의 뜻을 숨기지 않고 싶습니다. 내가 하고 싶은 일을 다른 이유를 대며 하지 못하거나, 남들의 시선이 두려워서 진짜 꿈을 숨기고 나만 간직하면서 실천하지 못한 것에 대해 후회하고 싶지 않습니다.

김예지(14세)

『발칙한 예술가들』에는 이런 말이 나옵니다. "잘 놀 줄 아는 능력이야 말로 최고의 경쟁력일지도 모른다." 처음 이 문장을 읽었을 때는 도대체 이게 무슨 의미일까 싶었습니다. 문장의 의미는 정확히 해석할 수는 없지만, 제가 해석한 의미는 이것입니다. "창의력이야말로 최고의 무기이다."

창의력은 새로운 개념이나 기존에 있던 개념을 조합해 새로운 개념을 만드는 힘입니다. 창의력이 있다면 불가능한 일이 없습니다. 그래서 예술가에겐 꼭 필요한 능력입니다. 그럼 창의력은 누구에게 가장 많을까요? 바로 어린이입니다. 제가 발견한 제 주위의 예술가는 어린이입니다. 어디에서나 놀이를 만들어 내는 창작 능력을 보세요!

제가 어렸을 적 사촌 동생들과 함께하고 놀았던 캠핑 놀이는 단순했습니다. 할머니 댁에 있는 이불과 베개를 포개어 놓은 뒤 텐트를 만들고 그 안에서 사촌 동생과 놀았습니다. 그때는 정말 즐거웠습니다. 하지만 점차 이 놀이는 사라져갔고, 우리에겐 SNS와 스마트폰 게임이라는 새로운 놀 잇거리가 등장했습니다. 정말 금방 질렸고 딱히 재미도 없었습니다. 하지만 우리는 옛날 우리가 함께했던 놀이로 돌아가지 않았습니다. 의욕도 생기지 않았고 그때처럼 새로운 아이디어가 솟지도 않았습니다. 왜 그런 걸까요? 어린이 때랑 도대체 뭐가 달라졌을까요? 우리는 크면서 순수하게 노는 방법을 잃어버렸습니다. 주위의 영향을 너무나도 많이 받고, 누군가 내가 하는 일에 대해 반대하면 나조차도 이 일이 민망해졌습니다. 다른 사람들이 많이 하는 SNS나 유행하는 게임은 쉽게 할 수 있어도 이제 와서 캠핑 놀이는 부끄럽기도 합니다.

하지만 어린이들은 이런 걸 별로 신경 쓰지 않습니다. 상대방의 시선보다 나 자신의 시선을 더 중요하게 바라봅니다. 이게 어른과 어린이의 차이점, 그러니까 어른들이 어린이보다 창의력이 떨어지는 이유라고 생각합니다. 창의력을 키우고 예술적인 삶을 살기 위해서는 다른 사람의 시선보다 나 자신의 시선을 더 중요하게 생각하고, 나를 믿는 게 중요하다고 생각합니다. 그래서 저는 무엇보다 제 생각을 믿어보고 창의력을 키워보기로 마음먹었습니다. 자연과 어울리며 내 세상을 직접 디자인하는 저도 예술가이지 않을까요?

세상에 물들지 않고, 자신의 색깔을 지키는 것 ──────

이재영(14세)

예술가가 되기 위해서 저는 확신, 집념, 열정, 끈기, 즐거움을 아는 능력이 필요하다고 생각합니다. 확신은 자신이 예술을 하는 데 용기를 주며 계속할 수 있는 힘을 줍니다. 집념은 자신의 실력을 키우며 완벽해질 때까지 할 수 있는 것입니다. 열정은 자신의 욕망과 목표에 대한 의지라고 생각합니다. 끈기는 자신이 힘이 없을 때나 열정이 없어질 때 가장 필요한 것이라고 생각합니다. 힘이 없을 때 더 많은 연습과 노력을 하는 것이 끈기라고 생각합니다. 즐거움을 알게 되면 자신이 하는 예술은 그때부터 귀찮거나 재미없는 게 아닌 삶이 될 수 있습니다. 그리고 어떤 사람에게는 삶의 이유가, 어떤 사람에게는 유일한 수단이, 어떤 사람에게는 꿈으로 다가갈 수 있게 하는 것이 즐거움을 아는 것입니다.

저는 우리 주변의 청소노동자, 자원봉사자 등 우리에게 직접적인 영향을 주지만, 사람들이 잘 모르는 사람들이 예술가라고 생각합니다. 우리 주변의 예술가들은 이 세상을 살아가는 모든 사람을 위해서 매일 예술을 하고 있습니다. 똑같은 일을 매일같이 해내는 일은 집념과 끈기가 없으면 힘든 일입니다. 무엇을 하더라도 어떤 태도와 마음을 갖느냐에 따라 예술가가 된다고 생각합니다.

이수겸(19세)

파블로 피카소가 말했던 것처럼 정말로 우리 모두가 한때는 예술가였을 겁니다. 모르는 것 투성이인 세상을 호기심 넘치는 눈으로 바라보며 끊임없이 질문하고, 창피함과 부끄러움은 모르는 채 세상을 만끽했기 때문입니다. 우리에게는 예술가적인 태도가 이미 있었습니다. 하지만 '가만히 있어라', '조용히 해라', '질문 좀 하지 마라' 등 많은 이야기로 그 기질이 사라지게 되고 나중에는 거의 잃어버립니다.

저는 이러한 잡음과 시끄러운 환경 속에서도 끝없는 질문을 스스로 해나가고 싶습니다. 질문은 또 다른 질문을 낳습니다. 정답은 알게 되는 순간 끝나지만, 질문은 계속 생겨나므로 자신의 한계를 뛰어넘을 수 있는 가장 좋은 수단이라고 생각합니다. 아무리 당연하고 단순해 보이는 것들도 막상 질문하게 된다면 굉장히 낯설고 새롭게 보이면서 또 다른 시각을 통해 볼 수 있기 때문입니다.

삶은 예술이다

손수민(17세)

작가들은 수십 개의 아이디어 노트를 보여주며 모든 것에 관심을 가지라고 말합니다. 끊임없이 다른 감각을 자극하고 질문하라, 다름을 인정하고 남들이 뭐라 하든 간에 포기하지 말라고 조언합니다. 정말 그렇게 하면 예술가가 될 수 있을까요? 반대로 그렇지 않으면 예술가가 아닌 걸까요?

아주 옛날, 동굴 벽에 사냥감을 기록하던 때가 있었습니다. 시간이 지나 종교와 믿음을 담기 위한 그림도 있었습니다. 오늘날에는 그림도 아니고 조각도 아닌 미술품도 있고, 또 남의 사진을 그대로 다시 찍어 전시한 사건도 있고, 본인의 침실을 판매한 예술가까지 등장했습니다. 예술은 점점 '생각하고 실행한다'는 개념으로 넓어지고 있습니다. 제약을 하나씩 벗기고 본질에 다가가는 것에 존재하는 단 두 가지 조건은, 작품에 담을 '개념(메시지)'과 그걸 실현하는 것뿐입니다.

그렇게 생각하면 무수하게 '생각하고 실행한다'로 이루어진 게 있습니다. 바로 우리의 삶입니다! 생각하고 실행하는 것이 예술가라면, 우리는 모두 이미 예술가라는 뜻입니다. 여기에 어떤 메시지를 담을 것인지, 어떻게 표현하고 실현할 것인지를 공부하고 고민해야 합니다.

정윤진(14세)

프리드리히 니체는 "예술은 삶의 위대한 자극제이며, 예술의 본질은 존재를 완성하는 데 있다"라고 말했습니다. 칼 라르손은 "가장 행복한 순간은 일상에 드는 사소한 빛을 소중히 간직하는 것"이라고 말했지요. 저는 이 이야기를 들으며 사진이 떠올랐습니다.

칼 라르손처럼 가장 행복한 순간, 즉 일상에 드는 사소한 빛을 소중히 간직하며 사진을 찍는 사람들이 진정한 사진작가라고 생각합니다. 스마트폰에 카메라가 좋아져서, 이젠 누구나 쉽게 사진을 찍지만, 남에게 자랑하기 위한 용도가 아니라 자신의 삶을 진심으로 사랑하는 사람들의 사진이 참된 예술입니다. 우리는 직접 만든 먹음직스러운 음식, 아름다운 풍경 또는 친구들과 함께한 장난스러운 놀이 등 자신의 소소한 일상을 사진에 담습니다. 삶을 사랑하고 끊임없이 창조하는 이 모든 이들이 예술가입니다.

┌ 더 읽어볼 책 ┐

· 『**세상을 바꾼 10대들, 그들은 무엇이 달랐을까?**』, 정학경 지음, 미디어숲, 2021
· 『**EBS 지식채널 × 누구나 예술가**』, 지식채널e 제작팀 지음, EBS BOOKS, 2021
· 『**청소년을 위한 존엄성 수업**』, 차병직 지음, 바다출판사, 2020

희망을
지속가능하게 하라

"코로나19 이후 우리의 삶이 크게 변화했습니다. 이미 2년의 시간 동안 지속되었지만, 이 상황이 언제 끝날지 알 수 없습니다. 팬데믹이라는 험난한 파도를 헤쳐나가고 있는 지금, 우리는 어떤 교훈을 이끌어 내야 할까요? 팬데믹으로 인해 발생한 교육적 공백은 가난하고 취약한 계층의 아이들에게 더 큰 충격을 주었고, 복원 가능하지 않은 상태로 남아 있습니다. 이로 인한 사회적 양극화, 교육·문화 사이의 간극은 더욱 벌어질 수밖에 없었습니다."

| 함께 읽은 책 |

『Doing Hope - 공감과 연대의 사회를 위하여』, 인디고 서원 엮음, 인디고 서원, 2021
『전염의 시대를 생각한다』, 파올로 조르다노 지음, 김희정 옮김, 은행나무, 2020

우크라이나의 어린이 합창단 '컬러 뮤직(COLOR MUSIC)'이 부른 '마이 유니버스(My Universe)'라는 노래가 있습니다. BTS와 콜드플레이(Coldplay)가 부른 곡을 커버한 곡인데요. 책을 읽는 여러분도 공연 영상을 한 번 찾아서 들어보시겠어요? 우크라이나에 사는 친구들이 한국 가수가 부른 노래를 듣고, 자기 언어로 번역해서 공연한 영상이 우리에게 다시 전달되었습니다. 음악의 힘은 대단합니다. 서로 모르는 사이이지만 음악 하나만으로 함께 즐길 수 있지요.

우크라이나는 어디에 있고, 어떤 나라일까요? 1991년 우크라이나는 소련으로부터 독립했지만, 러시아는 유럽대륙으로 진출하기 위해서 우크라이나와 전쟁을 일으켰습니다. 그 전쟁 때문에 많은 사람이 고통받고 있습니다.

'컬러 뮤직' 팀이 공연을 촬영한 곳은 드니프로 라이트 플라워(Dnipro Light Flower)라는 장소입니다. 이곳은 옛날에 공장이었습니다. 러시아가 소련이었을 때 우크라이나는 소련에 있는 하나의 작은 국가였습니다. 그 당시 소련은 우크라이나에서 산업을 중점적으로 발전시키고 있었는데, 독립을 하면서 많은 공장이 쉬게 된 것입니다. 이 거대한 구조물을 없애기에는 많은 돈과 인력이 필요했기 때문에, 어떻게 하면 좋을지 고민하다가 이 구조물을 이용한 테마파크를 만듭니다. 기둥에 레이저빔을 설치해서 독특한 관광명소로 만들지요. 여러분이 나중에 우크라이나에 가게

우크라이나의 평화를 염원하는 사람들

된다면 이곳을 방문해보는 것도 좋겠습니다. QR코드를 스캔해서 이 밤을 즐길 수도 있습니다. 축제 부두나 세브첸코 공원 전망대의 QR코드를 스캔해서 어떤 불꽃을 보고 싶은지 고르고, 지속시간까지 고르면 자선기부를 할 수 있습니다. 일정 금액을 기부한 후 스마트폰에서 어플을 켜고 기둥을 향해 비추면 불꽃놀이를 자신의 스마트폰에서 볼 수 있습니다. 이곳의 수익은 2012년에 설립된 어린이 자선단체 '키도(Kiddo)'에 기부됩니다.

어린이 합창단이 부른 노래 한 곡을 통해 많은 것을 알 수 있지요? 이렇게 공부하면 정말 재미있습니다. 꼬리에 꼬리를 무는 질문과 호기심으로 세계에 어떤 일이 일어나고 있는지 알아보면 좋겠습니다. 2022년에 어떤 희망을 불러올 수 있을지 알기 위해서는 2021년에 어떤 사건들이 있었는지 주목해볼 필요가 있습니다.

열두 달, 세계에서 일어난 일들

2021년 많은 일들이 있었습니다. 1월에 대한민국 전역을 분노하게 했던 사건은 '정인이 사건'이었습니다. 대한민국의 아동 권리를 다시 생각하게 했습니다. 코로나19 백신이 개발되어 고령층과 의료진부터 어린이, 청소년까지 백신접종을 시작했습니다. 반면, 가난한 나라에 접종을 받지 못하는 사람들도 있었습니다. 특히 인도는 코로나로 인해 너무 많은 희생자가 발생하여 화장터에 불이 꺼질 날이 없었습니다. 우리는 백신과 국가적 의료시스템이 있지만, 의료시스템이 없는 사람들은 코로나로 인해 불평등을 겪을 수밖에 없는 것입니다. 불평등을 우리가 어떻게 이겨낼 수 있는지에 대한 고민도 잊으면 안 된다고 생각합니다. 또 세계적으로는 미얀마에서 군사 쿠데타를 일으켜서 군사정권이 집권을 한 사건도 있었습니다. 4월 코로나 바이러스가 극에 달했을 때 아시아인에 대한 혐오가 더욱 심해지기도 했습니다. 같은 달, 일본에서 후쿠시마 오염수를 해양에 방류하기로 결정했습니다. 그린피스라는 단체가 성명을 발표하면서 오염수를 바다에 방류하게 된다면 30년 동안 바다에서 나는 생물을 먹을 수 없다고 주장하면서 반대했습니다. 오염수를 방류하면 전 바다로 퍼질 것이기 때문에 이는 전 세계가 함께 생각해야합니다. 지구적 문제를 해결할 공론의 장이 필요합니다. 6월에는 우리나라 서울대학교에서 청소노동자가 안타까움 죽음을 맞이했습니다. 우리는 청소노동자를 차별하고 배척하는 시선을 아무도 가지지 않았다고 하지만 오히려 이분들이 어떤 환경에서 일하고 있는지 관심을 가지지 않았습니다. 결국 무관심이 혐오와 차별을 부르고 노동자가 사망하는 일이 있었습니다.

7월에는 2020 도쿄올림픽을 무관중으로 개최했습니다. 8월에는 국내 첫 델타 플러스 코로나19 변이가 확인되었습니다. 백신을 맞았음에도 불구하고 돌파감염으로 인해서 점차 확산이 되었습니다. 희망찬 뉴스도 있었습니다. 2021년 8월 26일 오후 4시 24분, 인천공항에 아프가니스탄인 377명이 입국했습니다. 탈레반의 점령으로 위험에 빠진 아프가니스탄 사람들 중 한국 정부 조력자에게 '특별 기여자' 신분을 부여, 한국 정부가 직접 수송기를 띄워 이들을 무사히 탈출하도록 도운 것입니다. 이 중 5세 미만의 영유아가 100명, 10세 이하의 어린이로 보면 180여 명으로 이번에 입국한 아프가니스탄인 절반 정도가 어린아이들입니다. 위험에 빠진 사람들에게 어려운 조건 속에서도 반드시 생명을 구하겠다는 일념의 '미라클(수송 작전명)' 작전은 정말 한국 국민으로서 큰 자부심이 느껴지는 일입니다. 우리는 이 작전이 성공했다는 점에서 끝나는 것이 아니라 아이들과 사람들이 우리를 어떻게 마주할 수 있을 것인지에 대해서 고민해 보아야 합니다.

9월에는 〈오징어 게임〉이 전 세계를 강타했습니다. 오징어 게임을 만든 이유는 1등만 기억하는 대한민국의 시스템을 신랄하고 적나라하게 비판했던 것입니다. 과연 '경쟁은 공정한가'에 대해 이해할 수 있어야 합니다. 오징어 게임을 보면서 어떤 것을 말하고 있고, 우리가 어떤 고민을 해봐야하는지도 같이 생각해보아야합니다. 같은 달 BTS가 유엔에 가서 연설을 했습니다. 코로나로 인해 '로스트 제네레이션'이라고 할 정도로 힘든 일들을 많이 겪었지만, 우리는 '웰컴 제네레이션'이라고 하는 표현을 쓰면서 코로나를 이겨내고, 새로운 시대를 환영할 수 있는 세대가 되어야 한다는 희망적인 메시지를 주었습니다. 이에 힘입어 10월부터 위드 코로나로 단계적 일상회복을 하게 되었습니다. 단계적 일상회복을 통해 식당도 다시 문을 열고, 대규모 모임을 가지기 시작했지만 아직 일렀습니다.

11월 오미크론 확진자가 발생하면서 다시 비상상황에 돌입하게 됩니다. 질병관리청에서 청소년 방역패스를 실시해야 한다는 얘기를 하게 되면서 많은 청소년과 학부모들이 반대하게 됩니다. 청소년 방역패스가 과연 필요한지에 대한 고민은 우리 스스로가 해야 합니다. 누군가가 대신해 주지 않기 때문에 스스로 실천해야 합니다. 거리두기로 자영업자들은 빚이 늘어나고 힘들어지는 상황이 발생했습니다. 1월부터 12월까지 한 해를 훑어보면서 이런 사건들이 있었다는 사실에서만 그치는 것이 아니라 그 사건에 대한 깊은 관심을 가질 수 있어야 합니다.

2021년은 기후위기라는 키워드가 빠지면 안 될 정도로 기후위기에 대한 일들이 많았습니다. 10월 말에 스위스 글레치 인근 빙하가 너무 많이 녹아서 대형 포장으로 덮고 있다는 기사가 있습니다. 빙하가 녹아서 더는 걷잡을 수 없는 상태이지만 인간의 힘으로 조금이나마 막아보자라고 하는 것이 과연 가능할까요? 브라질 아마조나스의 열대우림은 벌목으로 인한 무분별한 훼손이 되고 있다고 합니다. 우리가 흔히 먹는 라면이 숲을 파괴하고 있다는 사실을 알고 있나요? 라면을 튀길 때 쓰는 팜유를 재배하기 위해서 고의적으로 불을 내기도 하고 이 행동들이 산불로 이어지면서 열대우림이 파괴되고 있다는 사실입니다. 열대우림은 전 지구의 허파라고도 말할 수 있기 때문에 열대우림이 사라진다는 것은 기후위기가 가속화된다는 것을 의미하기도 합니다.

미국의 캘리포니아에는 대형 산불이 일어나서 고통을 겪기도 했습니다. 2021년 여름 캐나다와 미국에는 살인 폭염이라고 해서 54.4도 까지 기온이 올라가기도 했다고 합니다. 이것이 많은 동물과 식물들에게도 피해를 주었다는 사실이 끔찍하기만 합니다. 유럽에는 100년 만에 폭우가 내렸습니다. 영국에는 크리스마스에도 폭우로 인하여 제대로 즐기지 못하고 집에 있는 사람들이 많다고 합니다. 최근에 미국 중부 6개 주를 관통하는 대형 토네이도가 발생해서 최소 100명의 사망자가 발생했습니다. 대형 토네이도와 같은 기상이변이 일어나는 것도 기후위기의 징조라고 볼 수 있습니다. 10월 말부터 11월 초까지 COP26이라고 해서 전 세계 정상들이 기후위기에 대한 해결책을 모여서 의논하자는 회의가 있었습니다. 그레타 툰베리와 미래를 위한 청소년들은 영국 런던 은행가에 찾아가서 기후위기에 일조하는 기업에 돈줄을 끊으라고 하는 집회를 이어나가기도 했습니다. COP26이 과연 얼마만큼의 성과를 거두었는지는 다시 한 번 생각해볼 필요가 있는 것 같습니다.

코로나19 이후 우리의 삶이 크게 변화했습니다. 이미 2년의 시간 동안 지속되었지만, 이 상황이 언제 끝날지 알 수 없습니다. 팬데믹이라는 험난한 파도를 헤쳐나가는 지금, 우리는 어떤 교훈을 이끌어 내야 할까요? 팬데믹으로 인해 발생한 교육적 공백은 가난하고 취약한 계층의 아이들에게 더 큰 충격을 주었고, 복원 가능하지 않은 상태로 남아 있습니다. 이로 인한 사회적 양극화, 교육·문화의 불평등은 더욱 심해질 수밖에 없었습니다. 그뿐만 아니라 사회적 고립으로 인해 '코로나 블루'라고 불리는 불안, 우울, 분노, 슬픔, 자존감 상실 등의 문제가 발생했습니다. 사회적 관계의 양상이 빠르게 달라졌기 때문입니다. 또한, 코로나19 이후 우리는 생태학적 도전을 마주했습니다. 기후위기가 가속화되었고, 기후위기로 인해 팬데믹의 위험도 증가했습니다. 인간과 동물 모두에게 감염되는 양상은 인간과 동물의 관계에 대해서도 질문을 던졌습니다.

생각하는 것이 힘이다

슬로베니아 출신의 학자 슬라보예 지젝은 『불가능한 것의 가능성』이라는 책에서 사유의 영역에 관해 이야기합니다. 사유의 영역에서는 가능한 것과 불가능한 것의 경계를 허물어보자고 말입니다. 서양의 마르크스적인 전통에서는 '생각을 멈추고 실천하라'고 조언합니다. 머릿속으로 고민하지 말고, 행동하고 실천하라고 말이지요. 그러나 지젝은 이 명제를 뒤집습니다. '행동하지 말고, 생각하라'고 말이지요. 심지어 더 많이 생각하라고 말합니다. 조금 늦어지더라도, 충분히 생각해보고 더 생각해보고 행동하라는 것이지요. 코로나19에 대한 초기 대응이 빠르게 이루어지기도 했지만, 정책과 제도에 있어서 더욱 신중하게 검토하고 생각해보았다면 더 나은 결과를 만들어냈을 수도 있습니다.

"모두가 자신의 사적 이익만을 위해 이성을 사용한다. 무엇이 진정한 문제인가? 근본적인 질문을 던질 용기가 필요하다." 지젝은 이성을 사적으로 사용하는 것을 비판하며, 이성을 공적으로 사용하라고 조언합니다. 코로나19 이후 나의 이익, 내 가족의 이익, 우리나라의 이익을 지키기 위한 목소리가 많이 나왔습니다. 그러나 코로나19 상황을 개선하기 위해 가난한 국가에 백신을 지원하자거나, 의료 장비를 지원하자는 목소리는 거의 들리지 않거나, 불가능한 영역으로 치부되었습니다. 지젝은 근본적인 문제는 무엇이고, 그 문제를 해결하기 위해 가능한 것은 무엇이고, 불가능한 것은 무엇인지, 불가능한 것이 정말로 불가능한 것인지, 아니면 다른 이유가 있는 것인지 질문을 던져야 한다고 말합니다. 그는 이러한 질문과 사유가 이성의 공적 사용이고, 이성의 근본적인 발현이고, 실천이라고 주장합니다.

『사피엔스』의 저자 유발 하라리는 유인원에서 사이보그까지 세상에서 가장 약하고 힘없고 보잘것없는 동물인 인간이 살아남은 것은 바로 사유의 힘과 상상력에 있다고 주장합니다. 코로나19 이후 우리 앞에 놓인 질문들은 본질적으로 정치적인 물음입니다. 고립할 것인지 아니면 협력할 것인지, 분열할 것인지 아니면 연대할 것인지와 같이 말이지요. 하라리는 이 질문에서 중요한 것은 이야기와 상상력이라고 말합니다. 나는 어떤 세계를 살아가고 싶고, 나는 어떤 세계를 꿈꾸는지와 같은 이야기를 상상함으로써 우리의 삶은 점점 나아지리라는 것이지요.

이제는 '아는 것이 힘이다'라는 말이 중요하지 않습니다. 이제는 '아는 것을 어떻게 활용할 것인지'가 중요한 사회가 되었습니다. 지식의 시대를 넘어 생각의 시대를 살아가고 있습니다. 생각의 시대에서는 사유의 힘을 가진 사람이 중요한 사람이고, 힘을 가진 사람입니다. 사유의 힘은 곧 나와 공동체와 지구에 대한 이야기를 상상하는 힘입니다.

정신과 마음의 확장

독일의 학자 한나 아렌트는 인간이 인간답게 산다는 것은 무엇인지 질문을 던졌습니다. 이 질문에 대해 그녀는 사유한다는 것만이 인간답게 사는 것이라고 답을 내렸습니다. 사유를 통해 우리는 공적 영역으로 진입할 수 있습니다. 아렌트는 이것을 '정신의 확장'이라고 했습니다. 우리는 사유하고, 공적 영역에 진입하고, 정신을 확장하는 것을 통해 나 자신과 인류 역사의 한계를 뛰어넘을 수 있습니다.

아렌트는 어두운 시대를 헤쳐 나가는 힘은 사유와 인간성에 있다고 보았습니다. 그렇기 때문에 그녀는 공적인 대화에 반드시 참여하라고 조언했습니다. 힘들고 어려운 상황을 이겨내는 힘은 공동의 행위와 숙의에서 나온다는 것입니다. 성찰하고 사유하는 것은 공동의 노력으로 이루어져야 합니다. 그렇게 해야만 우리도 팬데믹이라고 하는 위기 혹은 어두운 시대를 이겨낼 수 있습니다.

지젝, 하라리, 아렌트의 메시지는 결국 우리에게 필요한 것은 이성을 사용할 용기라는 것입니다. 우리에게는 충분히 사유할 능력이 있다며 이를 충분히 사용하라고 다그치는 것이지요. 우리 모두에게는 이 능력이 있습니다. 그리고 이를 실천해야만 합니다. 우리는 희망을 만들어낼 수 있고, 선을 만들어낼 수 있습니다. 우리가 만들어낸 희망과 선이 공유됨으로써 우리가 살아가는 세계는 점점 더 나아질 것입니다. 이것이 지금의 망망대해 속에서 우리 앞에 놓인 과제이며, 우리가 해야 할 공부입니다.

토론

윤리적 시민이 만드는 정의로운 세계

새로운 세상, 다른 세상을 꿈꾸는 사람이 있었기에 지금의 민주주의가 만들어질 수 있었습니다. 민주주의는 오직 참여와 실천으로 이루어지고 완성됩니다. 민주시민이 된다는 것은 의식적인 선택을 하는 것입니다. 거리에서 우리는 모두 평등하고 거리 민주주의는 약자의 무기입니다. 그리고 청소년에게도 삶의 많은 부분을 결정하는 정치를 방관하는 것이 아니라, 적극적으로 참여해서 더 나은 사회로 나아갈 권리가 있습니다. 여러분은 어떤 세상을 꿈꾸나요? 그 꿈을 실현하기 위한 방법은 무엇이 있을까요? 더 나은 세상을 상상하며, 거리 민주주의를 기획해봅시다. 어떤 주제로 어떤 활동을 하고 싶은지 자유롭게 써보세요.

윤리적 시민의 삶을 선택하자

네덜란드에서는 운전자들이 차에서 내릴 때 오른손으로 차 문을 열고 내린다고 합니다. '더치 리치(Dutch Reach)'라고 불리는 이 문화는 차 문에서 먼 쪽의 손으로 문을 여는 것을 뜻합니다. 차 문에서 가까운 왼손으로 여는 것이 더 편리하지만, 굳이 오른손으로 차 문을 여는 이유는 바로 시선을 확보하기 위해서입니다. 네덜란드는 자전거 왕국이라 불릴 만큼 자전거 이용자가 많아 차 문이 갑자기 열리면 자전거를 타고 가던 사람이 위험해질 수 있거든요. 이러한 위험을 방지하고자 운전자가 몸을 틀어 사이드미러를 볼 수 있는 방법이 바로 오른손으로 차 문을 여는 것입니다.

아주 간단한 방법이지만, 위험한 사고를 줄이는 매우 현명하고 인간적인 문화입니다. 자전거를 타는 사람의 안전을 지키기도 하고, 운전자에게도 안전한 하차 방법이지요. 차 문을 열어서 사람을 다치게 하고 싶은 사람은 없을 것이기 때문입니다.

'사람이 마땅히 지켜야 할 도리'라는 뜻의 '윤리'가 지켜지면 모두에게 이롭습니다. 반대로 윤리적이지 않은 자유는 불가능합니다. 자유의 가치를 이야기할 때 다른 사람에게 피해를 주지 않는다는 조건이 붙는 이유는 바로 여기에 있습니다. 단순히 피해를 끼치지 않는 정도를 넘어, 어려움을 겪는 사람에게 관심을 갖고 손을 내밀 수 있는 사람이 바로 윤리적 시민일 것입니다.

사람이 마땅히 지켜야 할 도리에는 어떤 것들이 있을까요? 어려움에 빠진 사람을 보고 외면하지 않기, 부당한 일에 침묵하지 않고 목소리 내기, 이기적인 이익에 눈멀어 다른 사람을 곤경에 빠트리지 않기 등 많을 것입니다. 여러분이 생각하는 '윤리적 시민'이 가져야 하는 마음가짐이란 어떤 것인가요? 더불어 네덜란드의 사례처럼 일상에 도입이 필요한 윤리적 실천은 어떤 것이 있을까요? 집, 학교, 거리, 사회, 세계에서 윤리적 실천이 필요한 순간을 생각해보고, 우리가 다 함께 실천할 수 있는 아이디어를 제안해봅시다.

정수웅(14세)

누군가가 시키지 않아도 어느 쪽이 옳은지, 모두에게 좋은지를 고민하고, 알게 된 것을 생각만 하는 게 아니라 직접 행동하는 것이 윤리적 시민의 마음가짐이라고 생각합니다.

이우창(14세)

강변이나 공원 등 자전거가 많이 다니는 길에서는 우측통행을 확실히 하는 것이 필요하다고 생각합니다. 강변이나 산책로는 자전거와 사람 둘 다 많이 다니는 길입니다. 그래서 안전사고를 예방하기 위해 사람이 다니는 길과 자전거가 다니는 길로 나뉘어 있습니다. 하지만 길만 나뉘어 있다고 사고가 안 나는 것은 아닙니다. 시민들이 거리에서 이 약속을 잘 지키고, 반려동물이나 어린이 등 질서를 지키기 어려운 약자가 있다는 사실을 항상 생각하며 배려하는 마음으로 자전거를 타야 합니다.

박혜민(14세)

아이들이 타는 통학버스나 봉고차가 멈추면 아이들이 다 안전하게 내릴 때까지 다른 차도 멈춰 있고, 그 버스를 추월하지 않는 윤리적 실천이 필요하다고 생각합니다. 우리는 아이들의 안전을 가장 중요하게 생각해야 합니다. 아이들에게는 차에 타고 내릴 때가 가장 조심해야 할 때라고 가르칩니다. 하지만 아이들만 조심할 문제는 아닙니다. 아이들이 안전하게 이 도시에서 살아가려면 운전자들의 배려가 꼭 필요하다고 생각합니다.

김예지(14세)

저는 윤리적 시민이라면, 불평등에 침묵하거나 소외되는 이들에게 관심을 가지지 않은 채, 자기중심적으로 행동하면 안 된다고 생각합니다. 이기적인 생각을 가지고 자기중심적으로 행동하는 것은 윤리적이지 않습니다. 우리가 모두 소외된 이에게 관심을 갖고, 불평등의 문제를 해결해서 함께 잘 사는 세상을 만들기 위해 노력하는 윤리적인 시민이 되면 좋겠습니다.

오늘날 기후위기는 더욱 심각해졌고 그 때문에 고통받는 소외된 생명이 정말 많습니다. 이러한 문제를 해결하기 위해서 전 지구적으로 자신의 행동이 기후위기에 얼마나 많은 영향을 끼치고 있을지 인지하고 행동하는 것이 중요하다고 생각합니다. 그래서 우리 자신이 얼마나 기후위기를 부추기고 있는지, 자신의 행동으로 인해 가속되는 기후위기 때문에 다른 생명이 얼마나 힘들어하고 있는지 의식적으로 생각하며 행동해야 합니다. 자신이 누군가를 힘들게 하는 끔찍한 일에 동참한다는 것을 알게 되면, 의식적으로 기후위기를 해결하기 위해 노력하게 될 것입니다.

박수미라(15세)

어떤 문제를 대할 때 상대방에 감정을 이입해보는 것과 도움이 필요한 사람을 외면하지 않는 것이 중요하다고 생각합니다. 만약 내가 도움이 필요한 상태이면 누구나 나를 도와주길 바랄 것입니다. 그렇기 때문에 상대방의 마음이 어떨지 생각해보고 실천하는 역지사지를 실천해야 합니다.

집에서는 가족 간의 적절한 거리를 두고 함께 집안일을 해야 언쟁이 일어나지 않을 것입니다. 학교에서는 나보다 이해가 느린 친구나 도움이 절실한 친구에게 도움을 줄 때, 상대방이 불편하지 않게끔, 적정한 선을 유지하며 도와줘야 한다고 생각합니다. 마지막으로 거리에서는 행인 우선이라는 인식을 가져, 사고에 훨씬 취약한 행인과 특히 어린이를 배려하며 운전을 해야 하고, 만약 길가에서 누군가 생명에 위협을 받고 있고, 좋지 못한 상황에 놓여 있으면, 발 벗고 나서는 존재가 윤리적인 시민입니다.

심규형(16세)

우리 사회에는 윤리적으로 잘못된 행동을 하는 사람이 많이 있습니다. 사람들은 그것이 윤리적으로 잘못된 일인지 모르거나 알더라도 비윤리적인 행동이 당연하다고 생각합니다. 그러므로 윤리적 시민에게 필요한 마음가짐은 우리 사회의 잘못된 모습은 아무리 작은 것, 흔한 것이라도 당연하다고 여기지 말고, 바로잡으려는 마음가짐입니다

특히 우리 사회에서 필요한 윤리적 행동은 환경을 지키고 보호하려는 행동입니다. 예를 들어 내가 덥다는 이유로 에어컨을 막 사용하거나, 귀찮다는 이유로 일회용 컵을 쓰고 버리는 행동을 하지 않는 실천을 해야 합니다.

배호은(15세)

사람이 마땅히 지켜야 할 도리, 사람이기 때문에 지켜야 하는 것은 타인에게 해를 끼치지 않는 것입니다. 꼭 사람이 아니더라도 공존하는 존재들에 대한 존중이 필요하다고 생각합니다. 우리가 한 사회를 이야기할 때 흔히 공동체라는 표현을 쓰는데, 공동체 전체를 배려하고 존중하는 마음을 가지면 다른 생명에게 해를 끼치지 않을 수 있습니다. 또 윤리적인 사람이라면, 비윤리적인 일에 목소리 낼 수 있어야 하고, 자신의 목소리에 따른 책임과 실천을 이행해야 할 수 있어야 한다고 생각합니다. 예를 들어, 이기주의적 행동이 비윤리적인 시민의 행동이라고 생각한다면 자신은 이에 반대되는 이타주의적, 가치 중심적인 태도를 보여야 하는 것입니다.

차를 타고 이동을 하다 보면 가끔 엉뚱한 곳에서 급정거를 하거나 운전하는 어른이 크게 화를 내는 경우가 있습니다. 대부분의 경우 차선을 바꾸려 끼어드는 차량과 끼워주는 차가 서로 배려나 양보를 하지 않았기 때문에 일어난 일이었습니다. 배려가 없으면 자칫 큰 교통사고로 이어질 수 있습니다. 무작정 끼어들어 경적 소리가 울리고 서로 얼굴 붉히는 도로가 아니라 차량 운전자 간의 감사 인사, 깜빡이 켜는 약속을 꼭 지키는 것, 끼어드는 것에 대한 손 표시를 통해 서로 기분 상할 일 없는 도로가 됐으면 좋겠다고 생각합니다.

최현우(16세)

주위에 있는 사람들에게 관심을 가져야 한다고 생각합니다. 어떤 사람은 곤경에 처한 사람을 보지 못하고 지나가거나, 바쁘거나 귀찮아질까 봐 일부러 모른 척하고 지나가기도 합니다. 그런 사람은 윤리적 시민이라고 생각하지 않습니다. 소외되고 도움이 필요한 사람들은 제대로 표현하지 못하는 경우가 많습니다. 주변을 잘 살펴 그런 이들을 발견할 수 있는 것도 윤리적 시민의 자세입니다.

곤경에 처한 것처럼 보이는 사람에게 말을 걸어보는 실천이 필요합니다. 저는 당황스럽고 아무것도 못할 것 같은 상황일 때에 사람들에게 말을 걸지 못합니다. 이상한 사람처럼 보이거나, 무시하고 간다거나, 거절당하면 더 좋지 못한 상황으로 변하게 될까봐 저 혼자 패닉상태에 빠집니다. 이런 마음을 저만 느낀다고 생각하진 않습니다. 그래서 주위의 사람들에게 오지랖이라고 듣더라도 한 번씩 '괜찮으세요?', '무슨 일 있으세요?'와 같은 말 걸기를 실천해보는 것을 제안하고 싶습니다.

정재화(14세)

저는 사람이 마땅히 지켜야 할 도리는 '다른 사람을 생각하고 배려하기'라고 생각합니다. 많은 사람이 함께 살아가는 공동체 사회에서는 다른 사람에게 피해를 끼치지 않는 것을 넘어, 다른 사람을 배려해야 한다고 생각합니다. 네덜란드의 '더치 리치' 문화도 자전거를 타는 다른 사람을 생각하고 배려해야 한다는 마음가짐에서 만들어진 것입니다. 이것이 윤리적 시민이 가져야 하는 마음가짐 중 하나라고 생각합니다.

허아인(15세)

사람이 사람으로서 마땅히 지켜야 할 도리는 서로에게 힘이 되어주는 것이라고 생각합니다. 사람은 때론 혼자 감당하기 어려운 일을 해야 할 때가 있습니다. 그럴 때 힘든 사람을 외면하지 않고 도와주고 힘이 되어주는 것이 중요하다고 생각합니다. 그리고 서로에게 관심을 주는 것도 매우 중요합니다. 사람은 함께 살아가는 사회적 존재고, 무관심 속에 점점 우울해지기 때문에 함께하고 있다는 감각을 서로 나누는 것이 중요하다고 생각합니다.

이윤영(14세)

제가 생각하는 윤리적 시민이 가져야 하는 마음가짐은 '다른 이들의 자유와 의견을 존중하는 것'입니다. 우리는 사회에서 다른 이들과 함께 상호작용하며 살아갑니다. 이렇게 다른 이들과 함께 살아가며 우리는 시민으로서 사익과 공익을 동시에 추구해야 합니다. 그러나 우리가 사익만을 위한 행동을 할 때, 전체 사회로 보면 시민의 어려움이 커질 수 있고,

일부는 외면받을 수 있습니다. 그래서 저는 우리가 다른 이들의 자유와 의견을 먼저 존중할 때, 공공의 이익과 함께 개인의 이익도 이뤄지는 사회가 될 수 있다고 생각합니다.

이수겸(19세)

오늘날 우리는 타인에게 무관심해지기 쉽습니다. 이제는 자신의 이웃도 잘 모를뿐더러 동네에서 정겹고 신뢰감 있는 공동체를 느끼는 것도 어려워진 지 오래입니다. 더군다나 코로나19가 생긴 후에는 서로를 향한 경계심에 날이 서서 타인에게 더욱 무관심해지고 배척하는 경우도 생겼습니다. 이런 태도가 사회의 분위기를 장악해버린다면 어려움에 빠진 이를 외면하고, 침묵하며 무시할 것입니다. 그래서 저는 먼저 타인에게 관심을 가지는 태도와 마음가짐을 길러야 한다고 생각합니다.

한 국가가 약자를 대하는 태도를 보면 그 국가가 약자에 대해 어느 정도 관심을 가지는지 알 수 있습니다. 장애인 좌석이 옛날에 비해서 늘어났지만 저는 한 번도 장애인들이 타는 것을 본 적이 없습니다. 그 말은 우리의 시스템에 아직 약점이 있다는 것이고, 부족한 점이 있다는 뜻입니다. 이처럼 우리의 일상생활에서도 조금만 관심을 가지면 볼 수 있는 문제들은 정말 많습니다. 서로에게 관심을 가지지 않으면 해결이 불가능할 것입니다. 그래서 저는 작은 시작으로 서로에게 인사를 하는 문화가 더욱 발전했으면 합니다. 가벼운 눈웃음이라 할지라도 그것은 타인에 대한 관심을 의미하고 관심은 배려와 존중의 길로 나아갈 수 있기 때문입니다.

세계시민이 만드는 새로운 세계 ————————————

국가, 언어, 성별, 연령, 종교, 지역, 문화에 따라 우리는 정체성을 갖습니다. 어떤 정체성을 중심으로 나 자신을 규정하는지에 따라 소속감을 느끼기도 하고, 반대로 이질감 혹은 낯선 감정을 느끼기도 합니다. 공통점을 중심으로 서로를 바라봤을 때, 적대감은 사라지고 연대감과 공동체 의식을 느끼게 됩니다. 우리가 탈레반을 피해 한국에 도착한 아프가니스탄 사람들을 환대할 수 있었던 이유도 '인간'이라는 공통점이 있었기 때문에 가능한 일이었습니다. 이처럼 인류는 하나의 가족이라는 생각을 통해 세상을 볼 때, 우리는 연대와 공생의 세계를 만들 수 있습니다.

여러분은 자신을 인류라는 하나의 공동체의 일원, 즉 세계시민이라고 생각하나요? 나를 세계시민이라고 생각하고, 내가 이 세계에 가진 책임이 무엇인지 고민해봅시다. 나의 선택이 전 세계에 어떤 영향을 미치고 있는지 생각해보고, 나는 앞으로 어떤 선택을 해나가고 싶은지도 함께 써보세요. 또, 세계시민이 함께 모여 토론할 수 있는 공론의 장이 있다면, 여러분은 세계 곳곳의 시민들과 공통의 관심사로 어떤 이야기를 나누고 싶나요? 함께 더 나은 세계로 나아가기 위해 고민하고 토론해야 할 주제 혹은 현안은 무엇이 있을까요?

이원준(14세)

만약 세계시민과 함께 모여 토론할 기회가 생긴다면 저는 교육에 대

해 토론하고 싶습니다. 우리나라 교육은 경쟁이지만 다른 나라에서 교육
과정을 배워온다면 현재 문제점이 되고 있는 교육과정을 보완할 수 있을
거라고 생각합니다. 각 나라의 교육과정에 존재하는 문제점을 서로 보완
해 주다 보면 모든 나라의 교육과정이 조금씩은 더 나아질 것이고 그럼
우리 세대 교육의 질이 높아져 세계의 미래가 밝아질 것입니다.

정수웅(14세)

자신의 여러 정체성을 알고 차이를 인정하여 차별을 최소화하는 책임
을 모두가 지킨다면 나의 선택이 세계의 모든 존재와 공존하기 위한 수
단이 될 것 같습니다. 저는 교육에 대한 주제로 토론을 하면 좋겠습니다.
왜냐하면 제가 이런 글을 쓰는 것도 교육을 통해 알게 된 것이기 때문입
니다. 더 좋은 교육을 한다면 우리 사회에서 여러 영역에 걸쳐 문제를 방
지할 수 있는 대안을 찾을 수 있다고 생각합니다.

심규형(16세)

나의 선택이 나를 비롯한 수많은 사람의 선택이 될 수 있다고 생각하
고, 세상을 바꾼다는 마음가짐으로 신중해지려 합니다. 더 나은 세계로
나가기 위해 고민해야 할 주제는, 우리 모두는 함께 공생하는 생명체라
는 점이고, 이를 알리기 위해 어떻게 해야 하는가입니다. 나와 저 사람은
다르다는 생각이 '저 사람은 나보다 못하다'라는 생각으로 바뀌어 차별
이 되고, '나 하나쯤이야' 하는 생각으로 환경 문제를 만들어왔기 때문에

우리 모두는 같이 살고 있다는 사실을 알리는 것이 가장 중요하다고 생각합니다.

허아인(15세)

저는 무엇보다도 기후위기에 대한 토론을 해보았으면 좋겠습니다. 지금 하루빨리 해결해야 하는 문제인데, 해결해가는 속도가 너무 느린 것 같습니다. 세계의 다양한 사람들이 모두 모여 하나씩 의견을 말하다 보면 결국 언젠가 좋은 해결책이 나올 것입니다. 그리고 어느 한 나라에만 적용되는 게 아닌 모든 나라를 위한 법도 만들어졌으면 좋겠습니다.

박혜민(14세)

나의 선택이 전 세계의 어려운 사람들을 구해줄 수도 있고 세상을 더 이롭게 만들 수 있다고 생각합니다. 아프가니스탄에서 한국 정부의 조력자들을 구한 것처럼 우리의 선택으로 위기에 빠진 사람들을 안전하게 보호해줄 수도 있고 서로서로 도와주며 세상을 좀 더 이롭게, 공생의 세계를 만들 수 있을 것 같습니다. 저는 앞으로 우리의 이익만을 생각하지 않고 정말 도움이 필요한 사람들을 도와줄 수 있는 이롭고 정의로운 선택을 해나가고 싶습니다.

세계시민이 함께 모여 토론할 수 있는 공론의 장이 있다면 우리 지구에 대해서 이야기하고 싶습니다. 기후의 변화가 급격해지면서 가뭄과 폭우가 심해져 농산물도 점점 값이 비싸집니다. 심지어 기후난민이 생겨나기도 합니다. 기후위기는 우리 혼자 해결할 수 있는 일이 아닙니다. 다 같이 힘을 합쳐서 함께 더 나은 세계로 나아가기 위해 고민하고 토론해야 이런 전 지구적인 문제를 해결할 수 있을 것입니다.

김예지(14세)

저는 그냥 대한민국에 사는 한 명의 청소년일 뿐이고, 그런 저의 선택과 행동은 어떻게 보면 아주 작은 것이라 제 선택이 이런 거대한 세계에 어떠한 큰 영향을 준다는 것은 현실적이지 않아 보입니다. 하지만 저의 작은 선택 하나하나가 모여서 우리가 사는 세계에 작지만 이로운 변화를 일으킬 수 있다면 시도해봐야 한다고 생각합니다. 저는 이러한 아주 작은 선택이 모여 변화를 만들어낼 수 있다고 믿고, 그래서 교육의 불평등이라든지 기후위기라든지 인종차별 같은 큰 문제들이 없어질 수 있도록 항상 작은 일에서부터 모두에게 이로운 선택을 해내고 싶습니다.

저는 기후 불평등에 대해 주로 이야기하고 싶습니다. 대부분 환경을 파괴하고 기후위기를 부추기는 사람들은 잘사는 선진국 사람들인데, 그들은 기후위기의 타격을 별로 받지 않습니다. 냉난방을 자유롭게 하고, 비싼 식자재도 사 먹을 수 있습니다. 오히려 환경을 덜 파괴하고 기후위기에 책임이 거의 없는 가난한 나라 사람들이 더 큰 타격을 받습니다. 이는 모두가 관심을 가지고 책임져야 할 큰 문제라는 것을 이야기하고, 이 주제에 관해 함께 의견을 나눠보고 싶습니다.

박수미라(15세)

저는 인간이 그저 지구에 잠시 머물다 가는 존재라고 생각합니다. 그러므로 방을 빌려 썼다고 생각하고, 지구의 자원을 최소한으로 쓰며 지구를 지켜야 할 책임도 있다고 생각합니다. 만약 전 세계 사람들이 이러한 인식을 갖고 있다면, 기후위기, 플라스틱 쓰레기 등의 문제가 일어나지 않았을 것 같다고 종종 생각합니다. 저는 앞으로 이러한 인식을 주변 사람들에게 설명해줄 의무를 충실히 이행하며 빌린 방을 열심히 청소하는 노력을 할 것입니다.

만약 전 세계 사람들이 함께 모여 토론할 수 있는 아고라가 있다면, 각 지역의 사람들에게 혹시 불편한 것은 없는지, 사회가 친환경적이게, 모두에게 이로울 수 있는 아이디어가 있는지에 대해 토론하고 싶습니다.

최현우(16세)

저는 저의 선택이 세계에 큰 영향을 줄 수 있다고 생각합니다. 종이컵을 사용하지 않고 텀블러 같은 다회용품을 사용해서 지구의 나무를 죽이지 않을 수도 있고, 플라스틱 사용을 줄여 지구의 쓰레기를 줄이거나, 쓰레기통에 쓰레기를 제대로 버려서 쓰레기를 치우는 사람들에게도 도움을 줄 수 있습니다. 후원을 통해 지구 반대편의 기아를 조금이라도 막아 몇 명의 사람들의 인생을 지킬 수도 있습니다. 이렇게 저의 선택은 전 세계에 영향을 줄 수 있다고 생각합니다. 그리고 저는 더 나은 선택을 해서 지구와 그곳에서 사는 사람들에게 도움을 주고 싶습니다.

배호은(15세)

세계시민들이 지금 가장 관심 있는 문제는 환경 문제라고 생각합니다. 조사에 따르면 우리나라도 가격이 조금 있더라도 친환경 제품을 사고자 하는 사람들이 차지하는 비율이 굉장히 높았습니다. 외국 스팸 용기에는 플라스틱 뚜껑이 없는데, 우리나라에서 파는 스팸 용기에는 플라스틱 뚜껑이 있다는 사실이 비윤리적이라고 문제를 제기하여 없어진 경우도 있습니다.

그런데 요새 다시 스팸 회사에서 뚜껑을 닫은 채로 팔고 있습니다. 회사는 뚜껑을 닫지 않은 용기가 많이 팔린다면 뚜껑을 만들지 않겠다고 말합니다. 그러면서 뚜껑을 만드는 이유가 우리나라 사람들이 포장되어 있는 것을 좋아하기 때문이라고 합니다. 이처럼 회사는 구매자들의 반응을 보고 결정하기 때문에 세계시민이 친환경적인 회사를 원하고 친환경 제품만을 산다면 대기업, 중소기업 할 것 없이 좀더 신경을 쓸 것입니다. 그래서 지속가능성의 세계로 나가기 위해 우리가 당장 실천할 수 있는 환경친화적인 일은 무엇인지, 또 환경에 관한 어떤 방안을 만들어야 시민들이 쓰는 제품을 친환경적으로 변화시킬 수 있는지를 고민해야 한다고 생각합니다.

이수겸(19세)

저는 자유에 대해 이야기하고 싶습니다. 지난 오랫동안 죽음을 무릅써가며 얻은 가치 중에서 자유는 매우 중요한 가치라고 생각합니다. 하지만 오늘날에는 매우 당연하게 여겨지면서 이것의 가치와 소중함을 별로 느끼지 못하는 경우도 많습니다. 그래서 저는 우리가 현재 얼마나 우리의 자유를 이해하고 관심을 가지고 있는지, 또 이것을 지키기 위해서 어떻게 할 것인지에 대해 이야기를 나누고 싶습니다.

또한 저는 한국의 시민이기도 하지만 세계 공동체의 일원이기도 합니다. 이런 관점에서 바라보면 세계는 여러 가지 문제를 가지고 있고, 저는 관심을 가지고 목소리를 낼 의무와 책임이 있습니다. 예를 들어, 현재 미얀마라든지, 티베트의 독립 문제라든지, 난민의 인권 등 세계에는 아직도 여러 부조리와 불평등이 넘쳐나고 있습니다. 인간이라면 마땅히 받아야 할 권리를 못 누리는 사람들의 문제에 무심하다면 불평등 문제는 더 커질 것이고 결국 화살은 이를 무시했던 사람들에게도 돌아올 것입니다. 그래서 우선적으로 자신의 목소리를 내지 못하는 이들에게 관심과 배려를 기울여야 합니다. 이것이 불평등을 극복하고 모두가 행복하고 정의로운 세상을 살아갈 수 있는 첫 번째 방법입니다.

더 읽어볼 책

- 『**궁극의 질문들**』, 이명현 외 지음, 사이언스북스, 2021
- 『**왜 우리는 불평등한가**』, 이정우 지음, EBS BOOKS, 2021
- 『**적을수록 풍요롭다**』, 제이슨 히켈 지음, 김현우 외 옮김, 창비, 2021
- 『**코로나는 기회다**』, The Gaurdian 지음, 전리오 외 옮김, 스리체어스, 2020

청소년 독서 토론을 위한
열두 달 작은 강의

1판 1쇄 펴냄 2022년 4월 8일
1판 3쇄 펴냄 2024년 1월 25일

엮은이 인디고 서원

주간 김현숙 | **편집** 김주희, 이나연
디자인 이현정, 전미혜
마케팅 백국현(제작), 문윤기 | **관리** 오유나

펴낸곳 궁리출판 | **펴낸이** 이갑수

등록 1999년 3월 29일 제300-2004-162호
주소 10881 경기도 파주시 회동길 325-12
전화 031-955-9818 | **팩스** 031-955-9848
홈페이지 www.kungree.com
전자우편 kungree@kungree.com
페이스북 /kungreepress | **트위터** @kungreepress
인스타그램 /kungree_press

ISBN 978-89-5820-763-4   03370